VIE DE SAINT SIFFREIN.

VIE

DE

SAINT SIFFREIN

ÉVÊQUE ET PATRON DE CARPENTRAS

AVEC PIÈCES JUSTIFICATIVES

Par l'Abbé R....

Ouvrage approuvé par Monseigneur l'Archevêque d'Avignon.

Prix : 1 fr. 50 c.

CARPENTRAS

IMPRIMERIE DE E. ROLLAND

1860

ARCHEVÊCHÉ D'AVIGNON.

Vu le rapport favorable qui nous a été fait sur la *Vie de Saint Siffrein, Evêque de Venasque et de Carpentras*, par M. l'Abbé Ricard, nous en recommandons la lecture aux fidèles de notre diocèse. Les recherches historiques qu'elle renferme, et plus encore les exemples de vertus qu'elle met sous les yeux, rendent cette lecture tout à la fois instructive et édifiante.

Avignon, le 21 novembre, fête de la Présentation de la Sainte Vierge, 1860.

† J. M. M.,

Archevêque d'Avignon.

AVANT-PROPOS.

Les Vies des Saints sont des prédications muettes qui nous instruisent de nos devoirs, nous éclairent dans nos doutes, nous excitent à devenir meilleurs, et même souvent, sans nous flatter et nous froisser, nous corrigent et nous convertissent. Il n'est personne qui doute de l'utilité de cette lecture. Dans tous les siècles, les Saints Pères y ont exhorté les fidèles; les plus grands Papes, entre autres Saint Grégoire, leur ont recommandé une occupation si salutaire, et les plus célèbres fondateurs d'Ordres ont sagement prescrit à leurs disciples de chercher à s'édifier dans leurs solitudes par la lecture des Vies des Saints. Quand on s'applique à cette lecture, on est convaincu, par sa propre expérience, qu'après l'Ecriture Sainte, on ne peut rien lire qui soit plus utile pour notre édification.

Nous devons donc l'hommage de notre reconnaissance aux Pères de l'Eglise, aux Docteurs et aux divers historiens qui ont consacré leurs veilles et leurs travaux à écrire les Vies des Saints ; en nous faisant connaître leurs actes et leurs vertus, ils les ont fait, pour ainsi dire, revivre parmi nous ; en transmettant à la postérité l'histoire de leurs vies, ils ont élevé un monument à la gloire de Dieu, qui est *admirable dans ses Saints* (1).

Désirant de contribuer, pour notre part, à la glorification du saint nom de Dieu et au bien des âmes, nous avons essayé d'ecrire la Vie de Saint Siffrein, de faire connaître les

(1) *Mirabilis Deus in Sanctis suis.* (Ps. 67.)

vertus qu'il a pratiquées comme religieux dans le monastère de Lérins, et comme évêque sur les siéges de Venasque et de Carpentras, afin que leur méditation nous servît de puissant aiguillon pour les imiter. En lisant les beaux exemples de sainteté qu'il nous a laissés, ne serons-nous pas tentés plusieurs fois de nous écrier, avec Saint Augustin et Saint Ignace de Loyola : « Voilà ce qu'il a fait ; ne puis-je » pas faire comme lui avec le secours de la » grâce ? »

Nous avons puisé les principaux documents qui nous ont servi pour écrire l'histoire de cette sainte vie, dans le *Gallia Christiana*, les Annales ecclésiastiques du P. Le Cointe, les traditions locales, les procès-verbaux qui attestent l'identité des reliques de Saint Siffrein lors des diverses translations qui en ont été faites, et surtout dans la Vie de ce Saint écrite par Barral Vincent (1), et insérée inté-

(1) Barral (Vincent), né à Nice, embrassa la vie monastique

gralement dans l'ouvrage de Surius, qui a pour titre : *De probatis Sanctorum vitis*. Nous avons mis à contribution tous les manuscrits qui traitent plus ou moins de cette matière : celui de Barbier, qui a pour titre : *Eloges et remarques du diocèse de Carpentras;* celui de Maillet, de Carpentras, où il est parlé de ce Saint; ainsi que les trois manuscrits de Fornéry, dont l'un est l'*Histoire du Comté Venaissin,* l'autre une *Dissertation sur le Saint Clou de Carpentras,* et le troisième une autre Dissertation, où il s'attache à prouver qu'il y a eu simultanément des évêques à Carpentras et à Venasque. Ces divers manuscrits se trouvent à la bibliothèque de Carpentras, sauf celui de Maillet, que possèdent ses héri-

dans l'abbaye de Lérins, et y fit profession en 1577. Il reçut le bonnet de docteur en théologie, fut fait abbé titulaire, et mourut à Palerme, en Sicile, au monastère de Saint-Benoît. Il est auteur d'une compilation qui a pour titre : *Chronologia Sanctorum et aliorum virorum illustrium ac Abbatum sacræ insulæ Lerinensis,* etc., sumptibus P. Rigaud, Lyon, 1613, in-4°. — On trouve dans cette Chronologie des documents que l'on chercherait vainement ailleurs. (*Biographie universelle* de Michaud, Supplément, tom. 57e, article Barral (Vincent), *passim*.

tiers. On n'a rien négligé pour donner à cette Vie, qui se publie d'une manière complète pour la première fois, tous les caractères d'authenticité que mériterait même la biographie d'un homme du commun, parce que, avant tout, il faut être dans le vrai, et l'on chercherait vainement à édifier, si l'on ne se basait sur des faits certains.

Nous pouvons rendre ce témoignage au public, qu'en composant la Vie de Saint Siffrein, nous avons traduit presque littéralement les expressions des auteurs latins qui l'ont écrite, et que nous ne nous sommes donné la liberté de parler nous-même que pour faire de courtes réflexions.

Nous avons ensuite jugé à propos de parler de ses reliques, des miracles qu'elles ont opérés et de l'honneur qu'on n'a cessé de leur rendre, pour prouver combien ce Saint est grand devant Dieu, combien le Seigneur l'a aimé, puisqu'il a donné une si grande vertu à ses dépouilles mortelles.

Pour travailler dignement à cet ouvrage, il aurait fallu quelque chose de la sainteté de celui qui en est l'objet ; aussi nous ne le publions qu'en tremblant, voyant ceux qui se se sont occupés à écrire les Vies des Saints, comme Saint Adon, auteur d'un *Martyrologe,* protester, à la tête de leurs livres, qu'ils n'étaient que des pécheurs, indignes de tracer le tableau des vertus des Saints, comme si la vue de tant de perfections et de si héroïques exemples leur rendait plus vif le sentiment de leur faiblesse. Aussi nous osons implorer le secours des prières de tous ceux qui liront cette Vie, et nous les conjurons de ne pas les refuser, ni à cet ouvrage, afin que Dieu le bénisse, ni à l'auteur, afin qu'il lui pardonne les fautes qu'il a pu y commettre. Nous nous jetons enfin aux pieds de l'Immaculée Marie, Reine des anges et des hommes, la priant de bénir le livre, les lecteurs et l'auteur.

LÉGENDE DE SAINT SIFFREIN.

SIFFREIN, issu d'une famille noble; était originaire de la Campagne de Rome; il alla au monastère de Lérins avec son père qui, ayant quitté le métier des armes, avait dit au monde un éternel adieu. Celui-ci se fit remarquer par sa foi et sa piété, et, après avoir observé la règle avec beaucoup d'exactitude, au bout de quelques années il s'endormit dans le Seigneur. Siffrein, sous la conduite de Saint Césaire, qui était alors abbé à Lérins, et qui fut élevé, quelque temps après, sur le siége d'Arles, fit tant de progrès dans les lettres et les vertus, que tous le regardaient comme un modèle de science et de piété. Sur le renom de sa sainteté, le clergé et le peuple de Venasque l'élurent pour leur évêque, avant même qu'il fût initié aux ordres sacrés. Son humilité fut alarmée de ce choix, et s'estimant incapable de porter une charge si pesante, il ne voulut pas l'accepter. Forcé toutefois par l'obéissance d'être élevé à des honneurs qu'il avait déclinés de tout son pouvoir, et conduit auprès de Saint Césaire, il fut promu aux ordres sacrés, et reçut des mains de ce célèbre prélat la consécration épiscopale.

Ayant gardé, pendant son épiscopat, la manière de vivre qu'il observait dans le monastère, il répandit au loin les rayons de sa sainteté. Son abstinence était prodigieuse : du pain et de l'eau et quelque peu de légumes faisaient toute sa nourriture, et il macérait sa chair par les veilles, le jeûne et le cilice. Son assiduité à la prière était admirable : il consacrait des nuits entières à la contemplation des choses divines, sans donner à son corps quelques moments de repos.

Compatissant aux besoins des pauvres et des malades, il était pour eux un père, mais un père tellement rempli de tendresse qu'on le voyait souvent porter ses pas vers leurs demeures, pour leur faire entendre la parole qui console, et répandre dans le sein de l'indigent d'abondantes aumônes. Pasteur vigilant, il nourrissait le troupeau que lui avait confié le père de famille, de la grâce des sacrements et du pain de la parole sacrée, et il montait tous les jours à l'autel afin d'offrir la victime sainte pour leur salut. Pour relever et accroître la splendeur du culte divin, il bâtit plusieurs basiliques : l'une en l'honneur de la Très-Sainte Trinité, l'autre en l'honneur de la Bienheureuse Vierge Marie, et la troisième à Saint Jean-Baptiste ; il en bâtit une à Carpentras en l'honneur de Saint Antoine, dans laquelle il allait souvent se recueillir, loin du commerce des hommes, pour s'occuper de Dieu seul et des intérêts de son âme. Plein de ces méditations profondes, ce bon pasteur allait reprendre avec bonheur le soin de son cher troupeau.

Dieu se plut à manifester par d'éclatants

et nombreux miracles la sainteté de son serviteur. Le saint évêque ressuscita un clerc que la mort venait de surprendre, et qui lui était cher à cause de son innocence et de ses mœurs irréprochables. Il rendait la vue aux aveugles, la santé aux malades que l'on s'empressait de toutes parts d'apporter à ses pieds, et il délivrait les possédés de la puissance du démon. Doué de l'esprit prophétique, les choses les plus secrètes lui étaient connues; il lisait au fond des cœurs, et pénétrait dans les replis de l'âme les plus cachés. Quand il fut parvenu à un âge fort avancé, voulant se livrer plus librement aux sentiments de ferveur qui l'animaient, et veiller avec plus de soin à la garde de son troupeau, il se bâtit une petite maison, à côté de la basilique qu'il avait élevée en l'honneur de la Très-Sainte Mère de Dieu. C'était dans ce modeste réduit que le pieux pasteur, consacrant la nuit et le jour à méditer la loi de Dieu, menait une vie plus angélique qu'humaine, et soupirait sans cesse après les joies ineffables de la céleste patrie. Ayant su par révélation le jour de son bienheureux trépas, son cœur en éprouva un contentement indicible. Il s'empressa aussitôt d'appeler auprès de lui le clergé et le peuple dont il faisait les délices, et il les exhorta avec de vives instances à conserver le dépôt de la foi, à vivre dans l'exercice de la charité et dans la pratique des autres vertus. Enfin, le cinquième jour des calendes de décembre, ayant conservé jusqu'au dernier moment l'usage de ses sens, pendant qu'il était absorbé en Dieu, il quitta cette terre pour s'envoler au ciel. Son corps fut enseveli à Venasque dans la basilique de la Très-Sainte Trinité, et des miracles innombrables s'opérèrent à son tombeau. Enfin Dieu permit que ses précieuses reliques fussent enlevées de ce lieu sacré et transportées à Carpentras. Ce fut alors qu'on les déposa dans une église consacrée à Dieu sous le vocable de Saint-Siffrein, où elles sont honorées avec beaucoup de religion.

Après la mort de Saint Siffrein, il s'opéra tant de miracles à son tombeau, qu'on y accourait de toutes parts ; les vœux des nombreux pèlerins y étaient exaucés, et aucune prière ne demeura sans effet. Dans la suite, il plut à Dieu, qui fait tout avec sagesse, que ces dépouilles sacrées fussent transférées ailleurs, pour être conservées avec plus d'honneur, ce qui arriva de la manière suivante, comme l'atteste une antique et pieuse tradition.

Des étrangers, voulant doter leur patrie d'un trésor si précieux, s'introduisirent furtivement dans la basilique de la Très-Sainte Trinité. Ayant brisé, pendant la nuit, la pierre sépulcrale, ils prirent la châsse qui contenait les reliques et l'emportèrent A peine arrivés au ruisseau qui coule tout près de Carpentras, ils furent sur-le-champ frappés de cécité, en punition de leur sacrilége. Forcés de s'arrêter, ils prièrent des cultivateurs qui passaient par là de leur indiquer le chemin. Ceux-ci, se doutant de quelque crime, les dénoncèrent au magistrat de la cité. Les coupables furent saisis, et, reconnaissant la puissance divine, ils avouèrent leur crime.

Témoin du prodige, toute la ville fut en émoi, et il n'y eut qu'une voix pour demander que le trésor sacré fût enlevé à ces impies. On fit droit à une réclamation aussi juste. Aussitôt le clergé et le peuple firent éclater leur joie, transportèrent religieusement dans la ville ces reliques vénérées, au chant des hymnes et des cantiques, et les déposerent dans l'église principale, qui fut rebâtie ensuite dans de plus larges proportions.

Saint Siffrein, voulant donner du haut du ciel des preuves de cette charité compatissante qui l'avait animé ici-bas, toucha le cœur de ces infortunés ravisseurs, qui demandèrent pardon à Dieu de leur faute, et il leur rendit la vue. Depuis que le dépôt sacré fut transporté dans cette église, le concours des fidèles fut encore bien plus grand auprès des saintes reliques, et les miracles bien plus nombreux, de sorte que l'on peut dire qu'avec elles la gloire des prodiges a été transférée en cette enceinte.

(Extrait des Offices propres du diocèse d'Avignon, approuvés par un rescrit de Pie IX, en date du 29 mai 1856. 27 *novembr. Festum S. Sifredi, Carpentoractensis episcopi et confessoris; lectiones secundi nocturni*; *et domin.* 4a *post Pascha, Offic. Translat. S. Sifredi, lect.* 2 *noct.*)

VIE DE SAINT SIFFREIN.

Saint Siffrein, dont nous entreprenons d'écrire la Vie, naquit à Albano, dans la Campagne de Rome, vers l'an 490 (1). Son père possédait la moitié de cette ville par droit de succession : c'était un noble chevalier, issu d'une famille romaine qui portait un grand nom, et qui, après avoir terminé sa carrière militaire, s'était allié avec une dame d'une naissance aussi illustre que la sienne. Dieu avait béni leur union en leur donnant

(1) Pièces justificatives, n° 1.

Siffrein, qui en fut le fruit unique, et qui devint un grand saint. Son père était heureux aux yeux du monde : il avait un grand nom, de grands biens, une femme vertueuse. Toutefois, l'éclat des richesses et les vanités du siècle ne séduisirent point son cœur. Ayant laissé son épouse par une inspiration divine, il songea à se retirer dans la solitude et à dire au monde un éternel adieu. La réputation de science et de sainteté où étaient alors les moines de l'île de Lérins lui fit choisir leur monastère pour le lieu de sa retraite. Il quitta donc l'Italie et vint débarquer à cette île avec son fils, alors âgé d'environ dix ans. Saint Césaire, abbé de ce monastère, les reçut avec une tendresse paternelle. Après quelques jours d'épreuve, le père fut admis au noviciat, et son fils fut placé sous la conduite d'un saint et savant religieux, qui fut chargé de le former aux sciences et à la vertu.

« Située sur la côte de Provence, au midi
» de Fréjus et d'Antibes, l'île de Lérins oc-
» cupe une grande et belle place dans nos
» fastes ecclésiastiques ; elle fut, au ve siècle,
» la retraite où se formèrent les saints, le

» séminaire d'où sortaient les grands évêques » des Gaules, et l'académie où s'élevaient les » savants. Là venaient se réfugier, comme » dans un port assuré et propice à tout le » monde (1), les hommes qui portaient dans » le cœur quelque triste plaie, ceux qui » avaient senti ce cœur brisé par quelqu'une » des peines de la vie, ceux qui se trouvaient » agités de cette inquiétude sans but qui sou- » vent précède de grands maux. Bientôt, avec » l'immense concours des solitaires que re- » cevait cette paisible retraite, l'Occident put » se vanter aussi de sa Thébaïde, qui, dans » ses sages institutions, rappelait quelque » peu les règles et les statuts des Pères de » l'Egypte (2). »

Du temps de Saint Amand, abbé du monastère précité, on y comptait plus de trois mille anachorètes. Il y avait deux sortes de religieux en cette abbaye : les uns vivaient

(1) *In portum religionis cunctis semper fidissimum.* Vincent. Lerin. *Commonitorium, I.*

(2) *Biographie universelle* de Michaud, article BARRAL (Vincent).

en commun, et les autres seuls et en anachorètes. Les cellules de ceux-ci étaient séparées, et celles des premiers étaient voisines ou contiguës les unes aux autres (1).

La simple nomenclature de tous les saints et de tous les grands hommes que l'île de Lérins a produits serait trop longue ; il suffira de remarquer ici qu'elle a donné à l'Eglise douze archevêques, autant d'évêques, dix abbés et quatre moines mis au nombre des saints confesseurs, *avec une infinité de martyrs* (2). Il est certain qu'elle a été arrosée du sang de cinq cents martyrs, sous le pontificat de Grégoire II et sous le règne de Charles Martel, l'an 730 ou 731. Ennodius la nomme *la nourrice des saints*. « Quelle » assemblée de bienheureux, dit Eucher, » quelle famille de pieux personnages n'ai-je » point vue là (3) ! » Le même auteur fait un magnifique éloge tant de Lérins que des cé-

(1) Voir le grand *Dictionn.* de la Martinière, art. LÉRINS.

(2) V. le grand *Dict.* de Moréri, art. LÉRINS.

(3) Quos ego illic sanctorum cœtus conventusque vidi ! *De laude eremi.*

nobites qui la peuplaient. Saint Césaire d'Arles, *Homélie XXV* (1) ; Saint Hilaire, *Oraison funèbre* de Saint Honorat ; Sidoine Apollinaire, lettre à *Faustus* (2), et d'autres écrivains qui avaient passé par cette solitude, épuisent pour elle toutes les formes de la louange. « Elle fut, dit Moréri (loc. cit.), » durant plusieurs siècles, le séminaire des » évêques de Provence et des provinces voi» sines. » Elle en a fourni, dit Expilly (3), à presque tous les diocèses de France (4).

Parmi les grands hommes et les évêques célèbres qui sont sortis de son sein, l'on compte Saint Loup, évêque de Troyes ; Saint

(1) Beata et felix insula Lerinensis, quæ cum parvula et plana esse videatur, innumerabiles tamen montes ad cœlum misisse cognoscitur.

(2) Fratribus insinuans quantos illa insula plana
Miserit in cœlum montes, etc.

Par ces expressions, *insula plana*, l'auteur fait allusion au nom qui est donné à cette île par quelques auteurs. Ptolomée et Strabon l'appellent du nom de *Planesia*.

(3) *Dict. des Gaules*. Art. ISLE DE LÉRINS.

(4) Vix enim reperire erat qui his temporibus assumptus in regionibus illis ad regimen ecclesiarum non delectus esset in nobilissimo cœnobio Lerinensi. S. Cesar. Arel. episcop., homil. 25.

Valérien, évêque de Cimelie; Salonius et Véran, frères et évêques; Saint Vincent, prêtre; Saint Maxime, évêque de Riez; Saint Hilaire d'Arles, Saint Eucher de Lyon, Saint Maxime et Saint Agricol d'Avignon, Saint Quenin de Vaison, etc. Une telle liste de célébrités équivaut au plus pompeux éloge.

C'est dans ce monastère illustre que le jeune Siffrein était destiné à se former à la science et à la vertu. Ses progrès dans les lettres et dans la piété furent si rapides, qu'il surpassa en peu de temps ses frères en religion sous tous les rapports. On voyait que Dieu avait des vues particulières sur notre jeune saint, et qu'il le comblait de ses faveurs les plus signalées.

Dès que Siffrein eut atteint l'âge voulu par la règle, il reçut l'habit de l'Ordre avec une joie indicible. De ce jour, ne respirant plus que pour le ciel, il marcha à pas de géant dans le chemin de la perfection. Il traitait si rudement son corps que ses austérités étonnaient les plus fervents; bientôt on le compara aux plus saints personnages de ce célèbre monastère. Admiré à cause de sa haute sainteté, son affabilité et sa candeur le faisaient aimer de ses frères. Il avait obtenu de brillants succès dans la grammaire, dans la rhétorique et dans la dialectique, mais son humilité lui gagnait tous les cœurs. Dieu, qui *l'avait choisi pour en faire un vase d'élection*, l'honora, dès sa jeunesse, du don des miracles. Devenu l'instrument de la puissance divine, Siffrein commandait avec autorité aux démons, qu'il chassait des corps des possédés en récitant avec ferveur l'Oraison dominicale.

Depuis longtemps son père avait fait profession. Exact observateur de la règle, ne mettant aucune différence entre ce qui est commandé et ce qui est simplement insinué, voyant la volonté de Dieu dans un point comme dans l'autre, il y ajoutait même des austérités qu'elle ne prescrivait pas, et s'appliquait à effacer par la pénitence les péchés qu'il pouvait avoir commis dans sa jeunesse. Enfin, après avoir passé plusieurs années dans l'exercice de cette vie laborieuse et pénitente, il fut saisi d'une violente fièvre qui lui annonça que sa dernière heure était venue. Il s'y prépara avec toutes les dispositions que peut y apporter un bon religieux, la vit venir avec une soumission amoureuse à la sainte volonté de Dieu, et il eut la consolation de mourir entre les bras de son vertueux fils, le 26 du mois d'août de l'an 520.

Siffrein reçut cette affliction avec toute la tendresse d'un fils et toute la résignation d'un saint. Il redoubla ensuite les rigueurs de sa pénitence, et mérita de nouvelles faveurs du ciel.

Ayant été nommé infirmier du monastère par le P. Abbé, il s'acquitta de cet emploi avec une charité et un zèle admirables, et l'exerça plutôt en rendant la santé par des miracles qu'en s'appliquant à l'améliorer par des remèdes. On lit en effet, dans le discours qu'on avait prêché à Lérins en son honneur : « Chargé de soigner les frères malades, lorsqu'il se présentait au pied de leur couche pour les visiter, sur-le-champ la fièvre les quittait ; ils recouvraient leurs forces premières et se levaient sains et saufs » (1).

(1) Qui visitatione ægrotantium fratrum sollicitus, cum ad eos visendos ingrediebatur, extemplò fugatis febrium vexationibus, et pristinis donati viribus, à lectis ægritudinem incolumes

Ce fut à peu près à la même époque qu'il fut chargé du soin des novices. Plusieurs de ses disciples devinrent des hommes illustres : tels furent Quenin, promu à l'évêché de Vaison (1), et d'autres cités par les biographes.

Tant de vertus et de sainteté, tant de science et de mérite ne pouvaient pas rester plus longtemps *cachés sous le boisseau*. La main de Dieu plaça bientôt cette *lumière sur le chandelier*. Déjà la réputation de Siffrein *s'était répandue dans les Gaules* (2). Tous les yeux étaient fixés sur le monastère de Lérins, qui était alors la pépinière des évêques ; parmi ces religieux, qui étaient des modèles de sainteté, on distinguait notre jeune saint au-dessus de tous les autres. Chaque église aurait voulu l'avoir pour premier pasteur. Les religieux, de leur côté, se proposaient de réunir

solvebantur. — De probatis Sanctorum vitis, à Laur. Surio, 27 nov. ann. 550, p. 622.

(1) Saint Quenin, dit le P. Boyer, était à Lérins dans le même temps que Saint Siffrede de Carpentras, et que Saint Eutrope d'Orange. (Hist. de l'égl. cathéd. de Vaison, p. 54.)

(2) Surius (loc. cit.)

leurs suffrages pour l'élire abbé du monastère, après la mort du titulaire.

Pendant que les esprits étaient préoccupés de cette idée, que Siffrein avait toute la sagesse et tout le discernement nécessaires pour gouverner un diocèse ou diriger un monastère, et que tous les cœurs étaient si bien disposés en sa faveur, l'église de Venasque perdit son évêque, qui s'appelait *Castissimus*. Après avoir pleuré la mort de leur vénéré prélat, qui était, selon l'expression de la chronique, *chaste de nom et de fait*, le clergé et le peuple, réunis pour lui donner un successeur, ne crurent pas pouvoir faire un meilleur choix que de jeter les yeux sur Siffrein. C'était vers l'an 530, et notre Saint comptait environ sa quarantième année. Aussitôt on envoya une députation à l'archevêque d'Arles, métropolitain du diocèse de Venasque (1),

(1) Arles avait 9 évêchés suffragants, savoir : Marseille, St-Paul-Trois-Châteaux, Toulon, Orange, Avignon, Carpentras, Cavaillon, Vaison et Venasque. Celui de Venasque fut réuni à celui de Carpentras dans le VIe siècle. Les autres quatre furent distraits de la métropole d'Arles en 1475, quand Avignon fut érigé en archevêché par le pape Sixte IV, qui donna pour suffragant à cette métropole les évêchés de Carpentras, Cavaillon et Vaison. (Expilly, *Dict. des Gaules*, m. ARLES).

pour lui faire part de la perte que l'église de Venasque venait de faire de son digne évêque, et le prier de pourvoir au plus tôt à ce siége (1). La députation ajoutait qu'on avait jeté les yeux sur le moine Siffrein pour le remplacer, et conjurait l'archevêque de faire droit aux vœux des populations. Saint Césaire, qui occupait alors le siége métropolitain, examina devant Dieu leur supplique, et voyant que la volonté de Dieu se manifestait par celle du clergé et des fidèles de Venasque, il accorda aux députés ce qu'ils demandaient, et leur permit d'aller à Lérins pour inviter le moine Siffrein à les suivre à Arles, où il se proposait de lui donner la consécration épiscopale. Les députés, satisfaits, se remettent en route et se dirigent vers le monastère. Ils exposent

(1) Cumque non votis fidelium dissentiret ætas, annorum videlicet probatorum triginta, Ecclesia Vennaciencis proprii opilionis privatur solamine, cujus procuratorum summa provisio, in unum conceptum contulit votum, et S. Siffredi paternitatem optantes fratres, patris Cæsarii Arelatensis Antistitis præsentiam adeunt, pontificem petituri, querelosisque affatibus suum decessisse pastorem, seque minimè absquè rectoris solertiâ vivere velle vel posse, congeminant, seque eis electum, quem petunt, debere donari sine dilatione Siffredum. Surius loc. cit.

au Père Abbé le motif de leur voyage; celui-ci, ayant mandé auprès de lui le saint religieux, lui annonce qu'une grande mission va lui être confiée, et lui parle du caractère dont il doit être revêtu pour la remplir. L'humilité de Siffrein lui fit refuser cette dignité; il disait hautement qu'il manquait de la sagesse et de la capacité nécessaires pour l'administration d'un diocèse, et surtout qu'il était dépourvu de cette vigueur que doit avoir un évêque pour le maintien de la discipline. A ce refus les députés ne répondirent que par des soupirs et des larmes. Le Père Abbé, touché de leur douleur, ordonne à Siffrein de se soumettre à la volonté du Seigneur. Le pieux moine obéit, et fut incessamment conduit à Arles, où il reçut l'onction sainte des mains de Saint Césaire. Ce prélat fut charmé de revoir Siffrein, qui avait été son disciple à Lérins pendant qu'il était abbé de ce monastère, et de reconnaître par lui-même que la réputation de notre Saint était encore au dessous de son mérite.

Un miracle éclatant, que Dieu opéra par le ministère du nouveau pasteur, ne servit pas peu à le confirmer dans cette opinion.

C'était la coutume de ce temps-là que l'évêque nouvellement consacré donnait le baiser de paix au peuple. Pendant que Siffrein s'acquittait de cette pieuse cérémonie, un aveugle, rempli d'une vive foi, se fit conduire devant le nouveau pasteur, et le pria de lui faire le signe de la croix sur les yeux. Aussitôt que la main du pontife eut touché cet infortuné, le miracle s'opéra : il recouvra la vue ; le clergé et le peuple, témoins du prodige, firent retentir l'église d'Arles de cris d'allégresse. « Gloire, honneur, louanges, » s'écriait-on de toutes parts, à vous Jésus-» Christ, qui accordez de si grandes faveurs » à vos serviteurs (1). »

Siffrein, devenant plus humble à mesure que Dieu le grandissait dans l'opinion publique, voulut se soustraire aux applaudissements de la foule ; il se hâta de prendre congé de Saint Césaire, et partit incessamment d'Arles pour se rendre dans son diocèse.

Le prodige qu'il venait d'opérer fut l'heu-

(1) Gloria, Christe, tibi, sit laus, jubilatio semper,
Qui famulis propriis miracula talia præstas.
Surius, loc. cit.

reux présage du succès de la mission qu'il allait remplir : on comprit par là que ses prédications et ses exemples de sainteté porteraient la lumière de la foi dans des esprits obscurcis par les ténèbres des passions (1).

Les fidèles de Venasque le reçurent avec des transports de joie inexprimables. Ses vertus ne se démentirent pas sur le siége épiscopal, elles augmentèrent même et parurent avec plus d'éclat. *Puissant en œuvres et en paroles*, il gouverna son diocèse en apôtre ; aussi jouissait-il de la confiance la plus filiale de tous ses enfants en Jésus-Christ. Ceux-ci se plaisaient à l'appeler leur père ; les miracles qu'il opérait en leur faveur étaient si nombreux et sa vie était si sainte, que l'on peut dire que son épiscopat fut une suite de merveilles. Ses discours et ses exhortations avaient une onction si pénétrante, que les pécheurs les plus endurcis ne pouvaient lui résister. On vit bientôt dans la

(1) Omen illud fuit interni luminis, quod offusis sæculi caligine mentibus, sanctis prædicationibus et exemplis redditurus erat. (M. du Saussay, Marty. gallican., tertio kalend. decemb., p. 945.)

ville et dans tout son diocèse, qu'il visitait souvent, une salutaire réforme et les plus heureux changements dans les mœurs.

Il avait toujours présente à l'esprit cette maxime que les Pères de Lérins lui avaient inculquée dès ses plus tendres années, que, pour travailler utilement à la sanctification des autres, il fallait être saint soi-même, et que la sainteté consistait surtout à accomplir le grand précepte de la charité et à se vaincre. « Aussi, dit M. André du Saussay, » il commença son pontificat par s'immoler » lui-même, et il offrit à Dieu une hostie » vivante en se mortifiant sans cesse, sou- » mettant ainsi la chair à l'esprit. Pour sus- » tenter son faible corps, il ne prenait, chaque » jour, qu'autant de pain qu'il lui en fallait » pour s'empêcher de mourir, un peu d'eau » et quelque peu de légumes. Il célébrait les » saints mystères tous les matins, et rompait » incessamment à ses ouailles le pain de la » parole. Il visitait les malades, nourrissait » les pauvres, revêtait ceux que la misère » avait dépouillés, en un mot, sa sollicitude » pastorale embrassait tous les souffreteux,

» allait au-devant de leurs désirs et ne les » laissait manquer de rien (1). »

Ennemi du monde et de ses vanités, il gardait ordinairement la retraite pour se livrer aux exercices de la prière et de la contemplation, et il n'en sortait que pour faire le bien. « On ne le voyait jamais en place ni en les » rues, dit l'auteur de sa Vie, si n'estoit pour » le salut des âmes (2). »

Rempli d'une vive foi et d'une confiance illimitée en la Providence, il distribuait largement ses biens aux pauvres et aux malades, et ne se mettait pas en souci du lendemain. « Sa table, dit l'auteur que nous venons de » citer, n'estoit jamais sans pauvres, aux» quels la porte de sa maison estoit tousjours » ouverte (3). »

Il avait puisé dans le cœur du divin Maî-

(1) Ex Martyrolog. Galli., loc. cit.

(2) *Vie de Saint Siffrein, tirée d'un ancien livre écrit à la main, du monastère de l'église Saint-Honoré.*

Cette Vie se trouve à la Bibliothèque de Carpentras, dans la collection-Tissot qui a pour titre : *Renseignements sur des matières ecclésiastiques*, n° 16, 1er vol.

(3) Collection-Tissot, loc. cit.

tre cette ardente charité dont il était animé pour ses frères. Le nom du Sauveur semblait être l'aliment de son âme. « Jesus-» Christ estoit tousjours en sa bouche, Je-» sus-Christ estoit toujours mesme parmi ses » discours (1). »

Le clergé de son diocèse eut la plus large part dans ses affections. Les jeunes clercs furent élevés, sous ses yeux, dans les sciences propres à leur état. Destinés au service des autels, il voulait qu'ils fussent d'une vie sans reproche, et il s'appliquait aussi à les former dans la science des saints. Ce fut durant ces pieuses occupations qu'un de ses clercs, qu'il aimait tendrement à cause de sa vertu, fut tout à coup atteint d'une grave infirmité. « Cet homme de grand mérite estoit si malade » qu'il n'attendoit rien que la mort. Lequel » estant familier du sainct estoit grandement » aymé de tous. Estant desja aux abbois de » la mort, il fist signe avec ses mains comme » il peut que on advertit le sainct que son » ami s'en aloit mourir. Ce que ayant oui il

(1) Ibid. loc. cit.

» arresta quelque temps pour faire oreison,
» pendant lequel dilai le malade mourut. Ce
» que ayant veu ses compagnons accoururent
» pleurants à l'évesque le priant de se trouver
» à tout le moins à l'enterrement de leur cher
» frère. Le sainct ayant sceu la mort de son
» ami s'en ala à la chapelle... et là versant
« abondance de larmes fist ceste prière à
» Dieu: Seigneur Jésus-Christ exauces-moi
» qui suis vostre indigne serviteur et pé-
» cheur; car vous aves dict: Je ne veux point
» la mort du pécheur ains qu'il se conuertisse
» et qu'il vive; et que tout ce que vous de-
» manderes à mon Pere à mon nom vous sera
» octroyé. Je vous prie doncques que l'âme
» que vous avez retirée de ce corps lui soit
» rendue, afin que tout le monde connoisse
» que vous estes celui qui vivifies et ressus-
» cites tous les morts. Ayant faict ceste orei-
» son, il ala à grande haste vers la bierre, où
» gisoit le corps mort, là où s'estant pros-
» terné il pria long temps, et après se levant
» de l'oreison et prenant la main du défunct,
» lui dist : Leves-vous, mon frère, leves-
» vous du lict de la mort, Jesus-Christ vous

» ressuscite. Tout incontinent le défunct se » leva plain de vie et de santé. Ce que ayant » esté divulgué, se fist un grand concours » tant de praistres que des lais de l'un et de » l'autre sexe, publians les merveilles de » Dieu et levant les mains au ciel. Après le- » dict cler resuscité vesquit long temps heu- » reusement en la famille du Sainct (1). »

Saint Siffrein éleva trois basiliques à Venasque, comme il est rapporté dans sa légende. La première, bâtie sur la cime de la montagne, fut dédiée à la Très-Sainte Trinité. L'année de sa fondation nous est inconnue; toutefois, il en reste encore des vestiges bien conservés, s'il faut ajouter foi à une note que M. l'abbé Lambert (2) a eu l'obligeance de nous communiquer. Voici la teneur de cette note: « Il y a, sous le maître-autel de la

(1) Collection-Tissot, loc. cit.

(2) Le père de M. Lambert, originaire de Carpentras et contemporain de M. Tissot, colligeait, comme ce dernier, tous les documents qui lui tombaient sous la main, et qui pouvaient servir à l'histoire locale. M. l'abbé, son fils, conserve ces notes et les communique obligeamment. Il a fondé à Uzès une riche bibliothèque publique, dont il est le conservateur.

2 *

» basilique de Venasque, une petite église » souterraine, de forme carrée, qui doit être » de la plus haute antiquité. Elle est peinte à » fresque *dans la manière grecque du Bas-» Empire :* on y voit sur un fond blanc quel-» ques lettres peintes en noir, d'un beau » caractère romain. »

Cette église, qui serait au même niveau que le baptistère, dont nous allons parler bientôt, et éloignée de cet édifice d'environ quinze mètres, expliquerait l'érection du baptistère lui-même, que l'on plaçait ordinairement à une distance très-rapprochée des basiliques, pendant les douze premiers siècles.

Quoi qu'il en soit, l'origine de l'église actuelle de Venasque en indique une autre plus ancienne. En effet, au vol. 11 du *Cartulaire des évêques de Carpentras,* sous la date du 17 juin 1258, on trouve la copie authentique d'une donation faite à l'évêque de Carpentras, par l'abbé de Montmajour, de divers biens dans le territoire de Malemort, *pour la reconstruction de l'église de Venasque.* Ceci ferait supposer que l'église était rebâtie sur une plus ancienne, ou que l'ancienne ne suffisait plus au culte. L'édifice reconstruit est celui qui sert aujourd'hui d'église paroissiale : c'est une basilique où l'ogive à large base se rencontre avec le plein-cintre. Son architecture accuse le XIIe et le XIIIe siècle (1).

Revenons à notre Saint. On rapporte (2) qu'après la mort de Saint Césaire (544), il assista avec Ermenius, évêque d'Avignon, et Vindemialis, évêque d'Orange, au sacre d'Auxanius, élu au siége d'Arles. De retour à Venasque, il y bâtit encore deux églises ; il dédia l'une à la Bienheureuse Vierge Marie, pour laquelle il se sentit toujours la piété la plus affectueuse et la dévotion la plus tendre (3). « Il y a beaucoup d'apparence, dit » Fornéry, que c'est sur les fondements de » celle-là que l'église de Notre-Dame *in vico*

(1) Voir le Dictionnaire des communes du département de Vaucluse, par M. J. Courtet, art. VENASQUE.

(2) Ex manuscript. Saveronis apud River.

(3) Ibidemque (ædificaverat) templum sanctæ Dei Genitricis, quam intimis semper coluit præcordiis. (Ex Marty. Gallic. loc. cit.)

» (N.-D. de Vie), qui est au bord de la Nes- » que, a été bâtie (1). » Ce sanctuaire, desservi autrefois par les PP. Minimes, est l'objet d'un pieux pèlerinage pour la fête de l'Assomption de la Très-Sainte Vierge.

Le saint évêque dédia l'autre église à Saint Jean-Baptiste. Cet édifice existe encore dans son état primitif. C'est une croix grecque avec une calotte sphérique à l'intersection des bras. Ménard a cru reconnaître dans ce monument un temple de Vénus (2). Les archéologues de nos jours, entre autres MM. Millin, Mérimée, Courtet, le regardent comme un véritable baptistère, élevé dans le VIe siècle par l'évêque de Vénasque, et portant tous les caractères de l'architecture de l'époque (3).

Ce pieux prélat continua encore plusieurs années de gouverner cette église, l'édifiant par ses exemples de vertus et de sainteté.

(1) Hist. du Comté Venaissin, par Fornéry, mst. p. 190.

(2) Mémoires de l'Acad. des Inscript. et Bell.-Lettr. t. XXXII, p. 761.

(3) Pièces justificatives, n° 2.

Avant de clore l'histoire de ce qui s'est passé de plus remarquable à Venasque sous l'épiscopat de Saint Siffrein, nous signalerons à la piété de nos lecteurs deux faits, dont l'existence n'est racontée par aucun historien, et que la tradition a eu le soin de nous transmettre.

On voit au midi de Venasque, sur le bord du chemin, une chapelle rurale dédiée à Saint Siffrein, dont l'architecture est du XIIe siècle. Peut-être que cet édifice sacré a été élevé par les fidèles, pour attester le prodige permanent qu'on remarque le long du ruisseau qui coule tout auprès. Le saint évêque possédait en cet endroit un jardin, où il allait de temps en temps prendre quelque peu de relâche, pour se délasser de ses travaux apostoliques. On le voyait quelquefois y réciter son office avec cette ferveur que donne seule la sainteté. Or, il arriva qu'un jour, pendant qu'il s'acquittait de ce pieux exercice, il fut interrompu dans ses prières par le coassement des grenouilles. Aussitôt le Saint leur commande, de la part de Dieu, de se retirer et de ne plus paraître en ce lieu. Obéissant à ce commandement, elles cessent leurs cris et s'éloignent. « De-» puis ce jour-là, disent les habitants de » Venasque, ni nous ni nos pères n'avons » jamais entendu coasser reptiles en ce lieu » à une grande distance, quoiqu'il y en ait » un grand nombre en amont et en aval de la » rivière. » Ainsi l'on avait vu, dans le siècle précédent, Saint Patrice délivrer l'Irlande, par sa bénédiction, de toute espèce de bêtes vénimeuses.

Vers l'an 534, les Francs devinrent possesseurs de toute la Provence par la cession que Vitigès, roi des Ostrogoths, leur fit de la portion qui lui appartenait en ce pays (1). Ils entrèrent en vainqueurs à Carpentras, sous l'épiscopat de Saint Siffrein (536) (2). Venasque dut secouer bientôt le joug des barbares, pour se donner aux Francs. Nous pensons qu'il faut placer à cette époque le fait que nous allons signaler.

A côté de la chapelle rurale dont nous

(1) Dictionn. des dates, art. PROVENCE.

(2) Histoire des villes de France, par Guilbert, tome 1, art. CARPENTRAS, p. 105.

venons de parler, et qui est éloignée d'environ deux cents mètres du plateau du village, on montre une pierre qui porte l'empreinte d'un fer à cheval. On raconte que Saint Siffrein, traqué un jour par les barbares dans Venasque, monta à cheval pour se dérober à leurs poursuites ; que le coursier fougueux, franchissant la montagne, vint s'abattre en cet endroit, laissant sur le rocher l'empreinte de ses pieds, et que, se relevant aussitôt, il reprit sa course et mit l'heureux fugitif hors d'atteinte. Si nous manquions de foi pour croire ces traditions, au moins ayons le bon esprit de les respecter.

« Sous le point de vue purement historique, dit M. de Montalembert, les traditions populaires, et notamment celles qui se rattachent à la religion, si elles n'ont pas une certitude mathématique, si ce ne sont pas ce qu'on appelle des faits positifs, en ont eu du moins toute la puissance, et ont exercé sur les passions et les mœurs des peuples une influence bien autrement grande que les faits les plus incontestables pour la raison humaine. A ce titre, elles méritent assurément l'attention et le respect de tout historien sérieux et solidement critique (1). »

Vers l'an 557, Clématius, évêque de Carpentras, qui avait assisté, deux ans auparavant, au concile de Paris (2), étant mort, le pape Pélage unit l'évêché de Venasque à celui de Carpentras, et Saint Siffrein se rendit dans cette dernière ville, qui devint la ville épiscopale de son nouveau diocèse uni à celui de Venasque.

L'union de ces deux siéges a été contestée par un auteur. Il prétend même qu'il n'y a jamais eu d'évêché à Venasque. « Deux choses » ont contribué, dit-il, à donner à ce village » un haut relief d'antiquité : d'abord, un pré» tendu temple de Vénus, dont on induisait » non-seulement l'antiquité, mais encore » l'étymologie du lieu ; ensuite, *les menson-*

(1) Histoire de Sainte Elisabeth, par le comte de Montalembert. Introduction, p. 132.

(2) Clématius avait assisté aussi au quatrième et au cinquième concile d'Orléans, tenus, le premier l'an 541, et le second, l'an 549. Cet évêque est souscrit à ces divers conciles, avec désignation de son siége. (Concil. antiq. Galliæ, opere et studio Jacobi Sirmond S. J., pages 269 et 285.)

» *ges, aujourd'hui bien démontrés,* du char-
» treux Polycarpe de la Rivière, relativement
» à un évêché dans cette localité... Pourquoi
» de ce misérable petit bourg, caché dans un
» site sauvage, aurait-on fait une résidence
» épiscopale, quand, à deux pas de là, dans
» une belle et riche plaine, se trouvait Car-
» pentras, colonie romaine, qui avait droit
» au siége épiscopal, comme chef-lieu d'une
» tribu de la confédération cavare (1). »

Quand on voit des historiens tels que le P. Le Cointe, D. Denis de Sainte-Marthe, Surius, Barral (Vincent), reconnaître l'existance du siége de Venasque, on est surpris qu'un auteur du XIXe siècle élève des doutes sur ce fait acquis à l'histoire. Nous allons toutefois répondre à cette assertion, et essayer de prouver que du IIIe au VIe siècle il y a eu simultanément des évêques à Carpentras et à Venasque jusqu'à Saint Siffrein, qui a été le dernier évêque de cette cité. Cette digression, que nous demandons à la bienveillance des lecteurs d'excuser, pourra jeter

(1) Dictionnaire des communes de Vaucluse, par Courtet, loc. cit. *passim.*

un nouveau jour sur l'histoire de cette Vie, dissiper quelques doutes, et confirmer ce que nous avons dit touchant Saint Siffrein.

Nous prouvons le fait énoncé ci-dessus, 1° par le discours de Saint Amat ou Amasius, évêque d'Avignon, à son peuple, pour l'exhorter au martyre. C'était vers l'an 270. Cette ville était alors assiégée par Crocus, roi des Germains (1). Ce prince, à la tête d'un nombre infini de barbares, était entré dans les Gaules, vers l'an 265, et les avait ravagées. Les villes les plus voisines du Rhin avaient été les premières prises et saccagées, les autres le furent successivement ; celles des provinces méridionales ne furent pas épargnées, puisque le tyran vint placer le siége de son empire dans la ville d'Arles. On n'avait jamais vu une si grande désolation : le sang des citoyens égorgés coulait de toutes parts, les évêques et les autres ministres du Seigneur étaient recherchés et martyrisés. Le

(2) Ces barbares, au nombre de quatre cent mille, furent défaits et chassés de France par l'empereur Probus, proclamé Auguste, l'an 276. (Hist. de l'égl. cathédr. de Vaison, p. 11.)

barbare avait déjà pris et détruit toutes les villes des environs d'Avignon, et en avait fait périr les évêques. Saint Amat, voyant que cette ville ne pouvait pas résister, exhorta les habitants à souffrir avec constance le martyre ; c'est pour les y exciter que ce saint évêque leur dit, entre autres choses, que ces barbares avaient fait périr Saint Privat à Javoulx (*Clermont*), Avole à Albe (*Viviers*), Sexte à Valence, Juste à Trois-Châteaux, *Firmus à Venasque*, Léonce à Apt, Albin à Vaison, *Valentin à Carpentras* (1), etc. Il est donc clair, d'après ce discours, qu'au IIIe siècle de l'ère chrétienne Venasque et Carpentras étaient le siége de deux évêchés. Ce discours est tiré d'un manuscrit que Dom Denis de Sainte-Marthe appelle *un précieux monument de l'antiquité* (2). Dom Polycarpe de la Rivière, savant chartreux, qui avait fait de grandes recherches pour composer un *Gallia Christiana* des provinces méridionales de la France, et qui, en 1637, avait achevé l'histoire

(1) Pièces justificatives, n° 3.

(2) Gall. Christ. tome 1, aux preuv., p. 137.

des évêques d'Avignon, trouva ce cartulaire dans les archives de l'église métropolitaine d'Avignon (1); il l'appelle *un fragment d'or* (2). Ce cartulaire, ainsi que plusieurs autres ma-

(1) Dom Polycarpe de la Rivière fut reçu, en 1608, à la Grande-Chartreuse, par Bruno d'Haffringues, général de l'Ordre; quelque temps après, il fut nommé prieur de la Chartreuse de Bompas. Le P. Eusèbe Didier (auteur du Panégyrique de Saint Agricol), et tous ceux qui, à Avignon, professaient, au siècle dernier, les doctrines de Launoy et consorts, prétendaient que D. Polycarpe de la Rivière avait inventé ce cartulaire, que les Bollandistes, dans la vie de Saint Privat, appellent un *vénérable monument*, et que les Bénédictins s'estiment très-heureux de pouvoir reproduire au *Gallia Christiana*. (Voir la Revue des Biblioth. paroiss. de la Prov. eccl. d'Avig., février 1852.)

Launoy, que nous venons de citer, célèbre docteur de Sorbonne, était né à Valdéric en 1603, et mourut à Paris en 1678. On l'appelait de son temps le *dénicheur de saints*. « Il était » redoutable au ciel et à la terre, a dit Dom Bonaventure d'Ar» gonne ; il a plus détrôné de saints du paradis, que dix papes » n'en ont canonisé. Tout lui faisait ombrage dans le martyrologe; » et il recherchait tous les saints les uns après les autres, comme » en France on recherche la noblesse. Le curé de Saint-Eusta» che, à Paris, disait : quand je rencontre le docteur de Launoy, » je le salue jusqu'à terre, et ne lui parle que le chapeau à la » main, et avec bien de l'humilité, tant j'ai peur qu'il ne m'ôte » mon Saint Eustache, qui ne tient à rien. » (Biographie de Michaud, art. LAUNOY.)

(2) *Codex optimæ notæ, et indubitatæ fidei, bonus et verè aureus codex.* (Hist. de l'Egl. de Vaison, p. 8.)

nuscrits des archives précitées, furent transportés à Rome en 1594, et on les déposa au Vatican. Henri de Suarès dit en effet que, l'an susdit, les anciens catalogues des évêques d'Avignon et les autres manuscrits de cette Eglise furent transportés dans la bibliothèque du Vatican. Nouguier, qui était venu trente ans après, se plaint de ce transport et de la négligence de ceux qui l'avaient devancé, à cause qu'ils n'avaient pas profité de ces manuscrits, dans le temps qu'ils étaient encore dans Avignon (1).

Denis de Sainte-Marthe ayant fait usage du discours de Saint Amat dans son *Gallia*, il nous est bien permis d'en faire autant, puisqu'il ne dérange rien dans l'histoire, et que l'existence des évêques qui y sont nommés n'est point contredite par d'autres actes.

Une seconde preuve de la simultanéité des deux siéges épiscopaux de Carpentras et de Venasque nous est fournie par la lettre des

(1) Nouguier, né à Avignon en 1625, entra dans la cléricature, et mourut bénéficier de la métropole de sa ville natale, après avoir publié : *Histoire chronologique de l'Eglise, évesques et archevesques d'Avignon*. Voir page 14 de cette *Histoire*.

évêques des Gaules à S. Léon, en 451, dans laquelle on voit la souscription de l'évêque de Carpentras et de celui de Venasque. Voici quelle en fut l'occasion :

L'hérésie d'Eutychès (1), qui troublait, en ce temps-là, l'Église d'Orient, venait de triompher dans le faux concile d'Éphèse. Le pape Saint Léon, pour arrêter un si grand mal, cassa, dans un concile tenu à Rome, tout ce qui avait été fait à Éphèse, et, dans la crainte que cette hérésie ne pénétrât dans les Gaules, il envoya à Salonius, évêque de Vienne, et à Ravennius, êvêque d'Arles, sa fameuse lettre écrite à Flavien, évêque de

(1) Nestorius avait soutenu qu'il y avait deux personnes en Jésus-Christ. Eutychès, abbé d'un monastère de Constantinople, commença dans sa vieillesse (il avait plus de 70 ans), vers l'année 448, à répandre une hérésie opposée : il enseigna que Jésus-Christ n'avait qu'une nature ; qu'il avait un corps céleste, qui avait passé par le corps de la Vierge, comme par un canal ; qu'il y avait eu deux natures en lui, avant l'union hypostatique, mais qu'après cette miraculeuse union il n'était resté qu'une nature mêlée des deux. Flavien, patriarche de Constantinople, condamna cette hérésie dans un synode ; Saint Léon-le-Grand confirma cette condamnation ; les erreurs d'Eutychès furent anathématisées dans le quatrième concile général, tenu à Chalcédoine en 451.

Constantinople, sur le mystère de l'Incarnation. Salonius répondit au pape, et sa lettre n'est signée que par lui et par deux autres évêques. Mais celle de Ravennius est remarquable, non-seulement en ce qu'elle prouve, comme celle de Salonius, la pureté de la foi des Eglises des Gaules et leur attachement au Saint-Siége, mais parce qu'elle est souscrite par un grand nombre d'évêques, parmi lesquels se trouvent les noms de ceux qui gouvernaient les églises du Comtat-Venaissin. Ainsi nous y voyons que *Maxime* était alors évêque d'Avignon, *Sabinus* de Carpentras, *Superventor* de Venasque, *Fontejus* de Vaison, *Julien* de Cavaillon, *Pallade* d'Orange, etc.

Cette lettre parut d'abord avec les simples noms des évêques qui la souscrivirent. Le P. Sirmond la fit imprimer dans son Recueil des conciles des Gaules ; il la trouva, dit ce savant jésuite, dans un manuscrit de Nicolas Fabri, avec les formules particulières à chacun des évêques. Dom Polycarpe ayant trouvé dans le cabinet de Savaron, président de Clermont en Auvergne, cette lettre manuscrite, où la plupart des siéges de ces évêques étaient désignés, les écrivit à la marge du tome des conciles des Gaules, de Sirmond, où cette lettre est imprimée, et les communiqua à Bouche, qui en a fait usage dans son *Histoire de Provence*. Il faut que cette désignation des siéges soit d'un grand poids, puisque, non-seulement Bouche, mais encore les auteurs du *Gallia Christiana*, Gassendi, dans son histoire des évêques de Digne, Nouguier, dans celle des évêques d'Avignon, Columbi, dans celle des évêques de Vaison et de Viviers, Gabriel, dans celle des évêques de Maguelone, l'auteur de l'histoire des évêques de Lodève, Savaron lui-même, dans l'histoire des évêques de Clermont, enfin l'auteur de la nouvelle édition des œuvres de Saint Léon, en ont fait usage.

Dom Polycarpe avait aussi connu la plupart des siéges que nous avons signalés, par un ancien manuscrit de la Chartreuse de Portes, et par celui de l'église d'Avignon, qui fut transféré à Rome, comme nous l'avons dit plus haut.

L'existence de ces divers manuscrits est incontestable. Savaron a fait usage lui-même de celui qu'il possédait, dans l'ouvrage qu'il fit paraître en 1608, sous ce titre : *De sanctis Ecclesiis et Monasteriis incerto auctore sœculi X, cum notis Joannis Savaronis ;* et, dans la préface de ses commentaires sur Sidoine Apollinaire, faisant mention des sources où il a puisé, il cite son excellent manuscrit en ces termes : *Meus optimœ notœ, quem debeo prœsidi Fauchetio.*

Bouche (Hist. de Prov. t. 1, p. 590) dit « qu'étant à la Chartreuse de Bonpas, Dom » Polycarpe, qui en étoit alors prieur, lui fit » voir le tome imprimé des conciles tenus » dans les Gaules, du P. Sirmond, à la marge » duquel Dom Polycarpe avoit écrit le nom » des siéges des évêques des Gaules, qui » avoient souscrit la lettre à Saint Léon, qu'il » avoit tirée d'un très ancien manuscrit de » la bibliothèque de Savaron. »

Nouguier, dans son histoire des évêques d'Avignon (page 18), a fait usage de ce manuscrit, et comme il ne cite pas Dom Polycarpe, ou peut présumer qu'il a puisé lui-même à la source. Ce qui précède montre clairement la coexistence, au ve siècle, des évêchés de Carpentras et de Venasque.

Une troisième preuve ressort d'une vie abrégée de Saint Siffrein, publiée par Barral (Vincent).

Il y est dit (1) que Saint Siffrein fit bâtir plusieur églises à Venasque, et une petite maison contigue à celle de N.-D., qui était sur la rive droite de la Nesque, où il se retirait pour vaquer à la prière, et qu'après un laps de quelques années (2), il fit bâtir une autre église dans Carpentras en l'honneur de Saint Antoine, où il assistait aux offices et faisait oraison.

Sur cet exposé plusieurs questions surgissent à la fois. Que faut-il penser de la chronique de Lérins, où tous ces faits sont énoncés, et dont nous avons fait usage pour composer la Vie de Saint Siffrein ? Connaît-on les noms des évêques de Venasque qui ont précédé Saint Siffrein sur ce siége, ainsi que les noms des évêques de Carpentras qui

(1) Chron. de Ler. Part. 2, p. 135.

(2) Post aliquot annorum spatium. Ib., p. 136.

ont précédé Clématius sur ce siége en 557 ? Si l'on peut prouver que ces deux siéges ont eu simultanément des évêques jusqu'en 557, et que Saint Siffrein ayant quitté son évêché de Venasque cette même année, les deux siéges de Venasque et de Carpentras furent unis, toute difficulté sera résolue.

La chronique de Lérins, composée par Vincent Barral, sur les chartes et les anciens documents de ce monastère, n'est pas méprisée des savants : Dom Denis de Sainte-Marthe en parle avec éloge en divers endroits de ses ouvrages (1). Les Bollandistes, ces critiques si sévères, en font usage dans la vie de Saint Agricol, ainsi que dans d'autres vies qu'ils ont insérées dans les *Acta Sanctorum.*

Enfin on découvrit, vers le commencement du XVIIIe siècle, dans les archives de l'évêché de Carpentras, un manuscrit qui contient la vie de Saint Siffrein, écrite en latin, parfaitement conforme, pour le fond, à celle que Barral a insérée dans sa chronique. On lit à la dernière page de ce manus-

(1) Gall. Christ., tome 1, p. 525 et seq. etc.

crit : « que cette vie avait été tirée de la très-
» ancienne bibliothèque du monastère de
» Saint-Honorat de Lérins ; que le moine
» Dom Michel de la Mirandole en est l'auteur,
» et qu'il l'avait écrite par ordre du R. P.
» Hilaire d'Antibe, abbé de ce monastère (1). »
On voit donc que la source où nous avons puisé les faits concernant la vie de Saint Siffrein est très-respectable et très-digne de foi.

Quant aux noms des évêques de Venasque et de Carpentras qui ont siégé simultanément dans ces deux évêchés, ils nous ont été transmis par l'histoire. On peut consulter le P. Le Cointe, dans ses *Annales ecclesiastici*, D. Denis de Sainte-Marthe, dans son *Gallia Christiana*, Fornéry, dans son manuscrit sur les évêques de ces deux siéges, etc., etc., où on les trouvera énoncés avec autant de précision que les derniers prélats de Carpentras, qui nous sont le mieux connus.

(1) Extracta ex bibliotheca vetustissima monasterii Sti Honorati sacræ insulæ Lerinensis, jussu R. P. D. Hilarii ab Antipoli, Abb. ejusdem monasterii, per me infrà scriptum monachum Lerinensem. Eg. D. Michael à Mirandola scripsi ut suprà. (Fornery, loc. cit., page 331.)

Nous allons présenter le tableau de ces évêques, pour donner plus de jour à cette histoire.

ÉVÊQUES DE CARPENTRAS.

S. Valentin, martyrisé vers l'an . . .		266
Sellius, monte sur le siége vers l'an . .		290
Mæcilius,	id. .	313
(Vacat.)		
S. Oronius Modestus,	id. .	444
Sabinus,	id. .	451
S. Antonin ou Antoine,	id. .	463
Marcel, 1er de nom,	id. .	473
Julien, 1er de nom,	id. .	482
Principius,	id. .	529
Clematius,	id. .	538
S. Siffrein,	id. .	557

ÉVÊQUES DE VENASQUE,

D'après l'Annuaire de Vaucluse pour l'année 1854, publié par M. Achard, archiviste de la Préfecture.

S. Firmus, martyrisé vers l'an. . . .		266
Publius, monte sur le siége vers l'an .		290
Macilius ou Marcius,	id. .	303

Vivianus, monte sur le siége vers l'an			353
Claudius,	id.	.	441
Superventor,	id.	.	451
Leodegar,	id.	.	462
S. Didier,	id.	.	473
Castissimus,	id.	.	492
S. Siffrein,	id.	.	530

Le catalogue des évêques de ces deux siéges a été reconnu par les savants ; Joseph Marie Suarès (1), Henri Suarès (2) et Bouche l'ont admis ; et Dom Denis de Sainte-Marthe,

(1) Joseph-Marie Suarès, né à Avignon en 1599, fut pendant 22 ans évêque de Vaison, et mourut à Rome en 1677, conservateur de la bibliothèque du Vatican, évêque domestique et prélat assistant de Clément XI. Nous devons à sa plume savante un grand nombre d'ouvrages en prose et en vers latins et plusieurs manuscrits. Les sujets qu'il traite sont variés, et la forme qu'il leur donne est piquante et pleine d'intérêt. L'histoire ecclésiastique, canonique et typographique du Comtat Venaissin a été particulièrement l'objet de ses recherches et de ses écrits. V. le Dict. histor. du départ. de Vaucluse, par Barjavel, art. SUARÈS JOSEPH-MARIE.

(2) Henri Suarès, neveu du précédent, est auteur de deux manuscrits ayant pour titre : l'un, *Avenio politica*, et l'autre, *Avenio christiana*, que l'on trouve aujourd'hui à la Bibliothèque impériale de Paris.

qui a placé Saint Siffrein, par erreur, entre Principius et Clematius, au lieu de le mettre entre Clematius et Tetradius (1), dit dans son préambule des évêques de Carpentras : « Nous » prouvons ailleurs que Venasque a été autre- » fois une ville épiscopale, et qu'elle a eu ses » propres évêques dans le temps que Car- » pentras étoit gouvernée par les siens (2). »

L'union des deux évêchés paraît incontestablement avoir été faite en la personne de Saint Siffrein, après la mort de Clematius. En effet, Carpentras avait ses propres évêques, pendant que Saint Siffrein siégeait à Venasque, où il avait bâti trois églises. Quelques années après, il en bâtit une à Carpentras, en l'honneur de Saint Antoine, où il assistait aux offices et vaquait à la prière ; ce qui ne peut s'expliquer que par l'union de ces deux siéges, accomplie après la mort de Clematius.

(1) Tetradius fut le successeur de Saint Siffrein sur le siége de Carpentras.

(2) Sed aliundè probamus Vindascam olim fuisse urbem episcopalem, habuisseque proprium episcopum, quo tempore Carpentoracte à propriis suis episcopis regebatur. (Gall. Christ. tome 1, page 893.)

Avant cette union, on ne lit nulle part qu'un évêque de Carpentras ait pris le nom d'évêque de Venasque ; mais après cette union, soit pour honorer Saint Siffrein, qui fut le dernier évêque de ce petit pays (1); soit par reconnaissance, plusieurs de nos pontifes ont pris le surnom d'évêques de Venasque, à l'exemple de ceux de Nice, de Montpellier, de Viviers, de Lérida et de Hambourg, qui se sont souvent souscrits, dans les conciles, évêques de Cimiés, de Maguelone, d'Albe, de Rhoda ou Balbastre et de Breme. Il faut pourtant remarquer qu'ils n'y ont jamais résidé. Aussi les savants qui ont donné au public des recueils de conciles, ont tous expliqué ce titre d'évêques de Venasque par celui de Carpentras. Dans un acte dressé par l'évêque Airard en 982, on lit qu'il fonda seize chanoines dans l'église de Saint-Pierre et de Saint-Siffrein, *sedis Carpentoractensium sive Vendascensium* ; et, à la fin de la charte : *acta hœc charta apud sedem Carpentoractensem*. Le titre de Venasque était donc un sur-

(1) Pièces justificatives, n° 4.

nom donné à Carpentras et au siége de cette ville.

Il reste donc prouvé par l'exposé ci-dessus que Carpentras et Venasque ont eu simultanément des évêques jusqu'à Saint Siffrein.

Mais pourquoi ces deux siéges ont-ils été unis ? Les historiens ne sont pas d'accord sur le motif de cette union. Le P. Le Cointe et M. Du Saussay disent que ce fut à cause que Venasque fut détruit en ce temps-là (1). Fornery est d'un avis contraire : « La con-
» jecture de cet annaliste (le P. Le Cointe),
» dit-il, sur la cause de cette translation, ou
» plutôt de cette union, puisque Carpentras
» avoit ses évêques propres, ne paroit pas sa-
» tisfaisante. Il seroit mieux sans doute de
» dire que ce fut pour exécuter ce qui étoit
» prescrit par le VIe canon du concile de
» Sardique, qui avoit statué qu'on n'établi-

(1) Ad quod postmodùm, Vendaco diruto, sedes pontificia translata est. (*Annales ecclesiastici Francorum*, tome 1, page 457.) Ædificaverat sanctus Antistes tres sua in terminatione ecclesias. Nimirum apud Carpentoratense Castrum (ad quod postmodùm, Vendascensi civitate diruta, sedes pontificia translata est) S. Antonio sacram ædem.... (Martyr. gallic., loc. cit. page 945.)

» roit point d'évêché dans des châteaux ou » dans des villes peu considérables, ou trop » proches *pour ne point avilir le nom et la* » *dignité d'évêque* (1). Venasque étoit dans ce » cas : trop peu considérable et trop proche » de Carpentras, son évêché fut uni à cette » dernière ville, comme il était arrivé à l'é- » gard de la ville de Cimiès, dont l'évêché » avoit été uni à celui de Nice, en l'année » 464, par le pape Hilaire. Dans la suite, il » se fit plusieurs autres unions d'évêchés » pour le même motif (2). »

Du temps même de Saint Siffrein, Saint Médard, qui institua la fête si fameuse de la rosière de Salency, avait été élevé sur le siége épiscopal de la ville de Vermand, en 530. Mais cette ville ayant été ruinée par les Huns et les Vandales, le Saint transporta son siége à Noyon. Il monta ensuite sur celui de Tournay en 532, et on le força à garder ces deux évêchés, parce qu'on prévoyait qu'il en résulte-

(1) Pièces justificatives, n° 5.

(2) Dissertat. pour prouver qu'il y a eu des évêques à Carpentras et à Venasque en même temps. Manuscrit de Fornéry, *passim*.

rait beaucoup de bien pour la propagation de l'Evangile. Deux siècles avant cette époque, Saint Servais, évêque de Tongres, transféra son siége épiscopal de cette ville en celle de Maestricht, et ses successeurs, jusqu'à Saint Hubert, sont nommés indifféremment évêques de Maestricht ou de Tongres.

Quoi qu'il en soit de la cause de cette union, il est certain que, depuis l'an 557, il n'y a plus eu d'évêques à Venasque, et que Saint Siffrein quitta ce pays. Etant arrivé à Carpentras, il y fut reçu avec la joie que mérite un père, et tout le respect que mérite un saint. Il ne tarda pas d'y recueillir les mêmes fruits qu'à Venasque. Ses discours et ses exemples édifièrent bientôt le clergé et le peuple. A peine arrivé dans cette ville, il y bâtit, comme nous l'avons déjà dit, une église en l'honneur de Saint Antoine, où il vaquait souvent à la prière, le jour et une partie de la nuit.

Sa sollicitude pastorale ne lui permettant pas de rester longtemps en repos, il allait souvent à Venasque visiter les fidèles, qui ne lui étaient pas moins chers que ceux de Carpentras. Quelque part qu'il portât ses pas, il allait se recueillir dans le lieu saint pour y faire oraison, et se livrait ensuite à l'exercice de la prédication. La visite des malades occupait le reste de son temps ; et les pauvres, pour lesquels il avait une affection paternelle, se ressentaient de cet amour de prédilection, par les libéralités qu'il répandait sur eux.

Le pouvoir qu'il avait d'opérer des miracles attirait, partout où il se trouvait, quantité de malades, et Dieu se plaisait à récompenser leur foi par la guérison de leurs maladies.

Les choses les plus secrètes lui étaient parfaitement connues : « Un certain, poussé du » malin esprit, desroba quelques reliques de » l'église de la Saincte Vierge (Venasque) » qu'il avoit fondée : le saint, l'ayant recog- » nu parmi les troupes, lui dist en présence » de touts : mon frère, je scai quel larron a » commis un sacrilége en nostre église, et il » a caché son larcin en tel lieu ; ales le pren- » dre et aportes le nous. Le larron se voyant » descouvert ala prendre ce qu'il avoit des- » robé, et l'aportàst en présence de touts, » par ainsin le sainct corrigea le pécheur, » sans descouvrir son crime. Lequel plein de

» confusion se jetta aux pieds du sainct, le » prient en ceste sorte : – O Siffrein, homme » de Dieu, receves-moi à pénitence ? oyes la » confession d'un larron ; n'aies pas esgal » aux péchés d'un homme perdu, ains plus-» tôt pardonnes à un pénitent. Faites misé-» ricorde à un criminel, donnes consolation » à un désolé et espérance à un affligé. – Le » sainct le regardant gracieusement le leve » de terre, et lui ayant injoint une pénitence, » lui remit la faute, et l'ayant ainsin salute-» rement chastié, lui commendast de se re-» tirer (1). »

Les démons ne pouvaient pas résister à Siffrein. Il en avait donné des preuves fréquentes à Lérins, et ensuite à Venasque. Une veuve de Marseille ayant entendu raconter les choses merveilleuses qu'il faisait, lui amena son fils qui était possédé du démon, le priant de vouloir bien l'exorciser. Le saint évêque, qui était alors à Carpentras, le fit conduire dans son église cathédrale. Un moment après, il s'y rendit, suivi d'une foule de fidèles. Dès qu'il y fut entré, « le démon fu-

(1) Collect. Tissot, loc. cit.

» rieux s'escria : — O Siffrein, pourquoy me
» poursuis-tu, qui suis innocent? pourquoy
» cherches-tu ce qui m'apartient? tu m'as
» chassé de l'isle de Lérins, et tu me veux
» encor chasser de nostre domicile. — Ce que
» entendant le sainct, souspirant se pros-
» terna à terre et priant dict : — Seigneur Jé-
» sus-Christ Sauveur du monde, exauces-moi
» pauvre pécheur, qui crie à vous! exauces
» vostre serviteur, affin que l'ancien ennemi
» ne ravisse vos ouailles, que vous aves ra-
» cheptées par vostre sang précieux. — En
» disant cela, il print la main du possédé, et
» dist : — Sort, malin esprit, de ceste créature
» de Dieu, et tout incontinent ce cruel ser-
» pent sortit avec un grand cris, et en la
» mesme heure l'enfant fust délivré (1). »

Au milieu des applaudissements que lui attiraient ces miracles éclatants, notre Saint s'humiliait et redoublait ses pénitences et ses prières. Aussi *Dieu qui donne sa grâce et ses faveurs aux humbles,* se plaisait à faire briller

1) Coll. Tissot, loc. cit.

le mérite et la sainteté de son serviteur par de nouveaux miracles. Quelque temps après, un homme perclus de ses membres, courbé et qui avait des absences d'esprit, se trouvant dans un moment lucide, pria ceux qui l'entouraient de le présenter au Saint, afin qu'il le guérît. L'homme de Dieu, l'ayant vu, le garda chez lui trois jours, pendant lesquels il oignit ses membres d'une huile bénite. Au bout duquel temps, le paralytique fut guéri, et ayant recouvré sa santé première, il retourna chez lui (1).

L'auteur du manuscrit de Lérins, que nous venons de citer, fait ainsi l'éloge de ses vertus :

« Il nourrissait les pauvres, donnait des vêtements à ceux qui étaient nus, rachetait les captifs, consolait ses amis qui étaient dans l'affliction ; par la puissance de sa prière, il brisait les liens de ceux qui étaient dans les fers ; compatissant à toutes les misères, il se fit tout à tous. Il ne renvoya jamais un ami

1) Surius. Loc. cit. serm. in celebr. S. Siffred.

qui se confiait en ses mérites, il ne refusa jamais à personne ce dont il avait besoin (1). »

C'est ainsi que Saint Siffrein fournissait sa carrière, comme notre divin Sauveur, *en faisant le bien*, au milieu du troupeau qui lui avait été confié. La chronique de Lérins rapporte que l'âge avait blanchi ses cheveux, ce qui, joint à un air de sainteté répandu sur son visage, inspirait du respect pour lui à ceux même qui ne le connaissaient pas.

Il n'y avait que peu d'années qu'il remplissait le siége de Carpentras, lorsqu'il connut par révélation que son pèlerinage sur cette terre touchait à son terme. Il retourna à Venasque.

« A côté du sanctuaire dédié à la Mère de Dieu, il avait construit, dit M. de Saussay, une petite maison, dans laquelle il se retira

(1) Pauperibus panes, nudis tegumenta ministrans,
Captivos redimens, consolabatur amicos,
Carcere compressis, precibusque ergastula rupit,
Et cunctos miserans, est omnibus omnia factus.
Nec meritis fidum quemquam vacavit amicum,
Distulit haud cuiquam, si novis, quidque necesse.

(Surius, loc. cit.)

les derniers jours de sa viellesse vénérable, pour vaquer à la prière, se préparer à la mort et s'adonner plus librement à la contemplation des choses célestes. Toutefois il ne privait pas son peuple de ses soins paternels : aux malades qui venaient le visiter, il obtenait, par la vertu de ses prières, la santé ou la résignation ; aux personnes affligées, la consolation ; aux âmes tourmentées de pensées de désespoir, la paix et l'espérance. La grâce coulait à flots de la bouche de ce saint vieillard, et tous ceux qui avaient le bonheur de recevoir sa bénédiction se trouvaient affermis jusqu'à leur dernier jour dans le service de Dieu et la pratique des vertus chrétiennes.

» Il serait impossible de raconter toutes les choses merveilleuses que Notre Seigneur Jésus-Christ, dont il avait toujours le nom dans le cœur et sur les lèvres, s'est plu à opérer par son serviteur (1). Il chassait à son gré les démons, guérissait les malades, ressuscitait les morts.

» Comme il touchait à sa dernière heure,

(1) Pièces justificatives, nº 6.

qu'il avait prédite aux ecclésiastiques qui l'entouraient, ceux-ci le conjuraient de demander à Dieu la prolongation de son existence. « Qu'allons-nous devenir, mon père, s'écriaient-ils en soupirant, qu'allons-nous devenir privés de notre pasteur? le troupeau sera ravagé par les loups. — Toujours il vous » restera le Sauveur Jésus, leur répondit le » Saint, ce bon Sauveur qui vous délivrera » des embûches de vos ennemis, si vous le » servez avec un cœur parfait. Observez les » commandements de Dieu, mes enfants; » aimez et vénérez notre mère la sainte Eglise; » respectez votre ministère, tout ce que vous » m'avez vu faire à moi qui suis votre père, » faites-le de même, afin qu'au grand jour » du jugement je vous reconnaisse pour mes » enfants, vous et tous ceux qui auront cru » à votre parole, que vous me possédiez » comme votre père, et que je puisse vous » présenter à Dieu avec confiance. » Par ces exhortations tendres et pieuses, et par d'autres semblables, ayant calmé la douleur de son clergé et de son peuple, et les ayant raffermis dans la foi, il s'endormit dans le

Seigneur, et rendit son âme pure et sans tâche entre les mains de son Créateur, le 27 novembre de l'année 570. Au même instant une odeur suave embauma le lieu qui fut témoin de son dernier soupir; et tous les assistants, l'âme pénétrée d'une douceur indicible et d'une joie céleste, glorifièrent le Seigneur qui avait voulu rendre la mort de son serviteur précieuse devant lui. Il fut enseveli dans la basilique qu'il avait bâtie en l'honneur de la Très-Sainte-Trinité. Il manifesta sa présence surnaturelle en ce lieu par les bienfaits que Dieu se plut à accorder à ceux qui le priaient par les mérites de son serviteur (1). » Il avait siégé 27 ans à Venasque et 13 à Carpentras. Les prodiges qui s'opérèrent à son tombeau faisaient sentir aux habitants de Venasque tout ce qu'il y avait de précieux à posséder ses dépouilles mortelles; mais des étrangers, ayant voulu se les approprier par un motif de piété mal entendue, enlevèrent furtivement le corps

(1) Ex Martyrol. gallican. tertio kalend. decembr., p. 944 et seq.

pendant la nuit et se dirigèrent du côté de l'Auzon ; à peine arrivés sur le bord de cette petite rivière qui coule au nord et tout près de Carpentras, ils furent frappés d'aveuglement et obligés d'errer çà et là au hasard dans la campagne. Des cultivateurs, qui allaient à leurs travaux dès la pointe du jour, s'en étant aperçus, et les ayant interrogés, apprirent bientôt d'eux ce qu'ils portaient et la punition de leur crime. L'évêque de Carpentras et les principaux magistrats, qu'on avait eu soin d'avertir, vinrent avec le clergé, suivis des habitants, recevoir ces précieuses reliques. Dieu semblait avoir manifesté sa volonté ; le prodige qui se passait sous leurs yeux était significatif : le ciel voulait que le dépôt sacré fût conservé à Carpentras. Les dépouilles du Saint furent portées en triomphe dans la ville, au chant des psaumes et des cantiques sacrés, et ensuite exposées dans la cathédrale à la vénération des fidèles. Les voleurs, qui avaient été incarcérés par ordre des magistrats, demandèrent comme une grâce qu'on les conduisît au moins jusqu'auprès du corps de Saint Siffrein. Cette faveur leur fut accordée. A peine furent-ils arrivés devant les reliques, que, pénétrés d'une foi vive et ardente, ils se prosternèrent et prièrent avec ferveur le saint évêque de leur obtenir de Dieu le pardon de leur faute et le recouvrement de la vue. *Dieu, qui ne veut pas la mort de l'impie, mais plutôt qu'il se convertisse et qu'il vive* (1), leur accorda sur-le-champ les grâces qui faisaient l'objet de leurs prières.

L'enlèvement des reliques de Saint Siffrein eut lieu l'année même, ou peu de temps après sa mort, sous l'épiscopat de Tetradius, son successeur, qui siégeait dans cette ville en 573 (2). On pourrait conjecturer que ce fut au mois de juillet, parce que l'église de Carpentras a constamment célébré la fête de leur translation dans le mois de juillet, jusqu'à

(1) Nolo mortem impii, sed ut magis convertatur et vivat. Ezech. XIII, II.

(1) Historia della citta d'Avignone et del Contado Venesino, scritta dal P. Sebast. Fantoni, tome 2, libr. terzo, cap. VII, page 383. — D'après les manuscrits de l'église de Carpentras, cet enlèvement aurait été fait plusieurs années après la mort du Saint : *Multorum annorum curriculis evolutis*. Voir aux pièces justificatives, n° 7.

l'année 1285, que Raimond III de Mazan, évêque de cette ville, la fixa au troisième dimanche après Pâques (1).

Les reliques de notre Saint furent déposées dans une châsse, qui fut conservée pendant sept siècles. Raimond III, qui avait assisté à la translation des reliques de Sainte Magdeleine, à Saint Maximin en Provence (2), ayant, à son retour, vérifié la châsse de Saint Siffrein, et la trouvant usée par le temps, *vetustate consumpta* (chartre), prit la pieuse résolution de placer plus décemment ce saint dépôt. Il fit faire pour cela une nouvelle châsse d'un bois très-convenable, qui fut revêtue d'une lame d'argent et ornée de plusieurs pierreries. Rien ne fut épargné pour rendre l'ouvrage magnifique. Il fit dresser un procès-verbal, dans lequel il relate l'ancien procès-verbal qu'on avait trouvé, et il mentionne les différents ossements qu'on tira de l'autre châsse pour les déposer dans

(1) Depuis l'année 1856, sur la demande de Mgr Debelay, archevêque d'Avignon, la sacrée Congrégation des rites a fixé cette fête au quatrième dimanche après Pâques.

(2) Hist. de Prov., tome 2, p. 297.

la nouvelle. Par un surcroît de précaution, il voulut que sept des plus qualifiés des assistants munissent cet instrument de leur sceau et qu'il fût placé dans le nouveau monument, enveloppé d'une étoffe de soie (1). Cet acte fut dressé le 28 octobre 1285 (2), et on mit alors dans cette châsse ces deux vers :

Hæc sunt translata sancti nunc ossa beata
Sifredi vere, verbis his firmiter hære.

« Croyez fermement que la translation des
» véritables reliques de Saint Siffrein dans
» cette nouvelle châsse s'est faite par nous,
» le jour que nous venons d'indiquer. »

(1) Dissertat. sur le Saint Clou de Carpentras, par l'abbé de Saint-Véran, p. 61-62.

(2) Tenor scripturæ à capsâ sancti Sifredi repertæ : Capsa ex ligno nucis cooperta laminis argenteis anno 1285. Fuit translatum corpus de capsâ veteri et consumptâ in hanc novam argenteam studio manu artifice fabricatam, assistentibus discretis viris, Dno Roqueto, Martino præsbitero, Rastagno de Donis Sacristâ, Guillelmo de Masano præcentore, et Reymundo Alphanti, Joanne Olivario Sifredo pronotario et me Bertrando not.

(Éloges et remarq. du diocèse de Carpentras, par Barbier, p. 12 verso et 14.)

L'an 1322 et le 5 décembre, Othon, évêque de Carpentras, fit faire l'inventaire des reliques et autres objets de son église. Les reliques de Saint Siffrein tiennent dans cet inventaire, après le Saint Clou, le premier rang parmi les autres objets sacrés. Le procès-verbal que nous avons sous les yeux les mentionne ainsi :

« Nous avons trouvé le corps de Saint Siffrein confesseur pontife dans une grande châsse d'argent, dont presque toutes les parties sont dorées, ornée de diverses pierreries et faite avec beaucoup d'élégance.

» De plus un bras de Saint Siffrein enchâssé dans l'argent, présentant la forme de la main d'un évêque qui bénit le peuple, ornée de pierreries de diverses couleurs, et travaillée avec art (1). »

(1) Item sanctissimum corpus Sancti Sifredi episcopi et confessoris in magnâ capsâ argenteâ, in magnâ parte deauratâ, cum gemmis, ut primâ facie diversis apparet ornata et decorata, et valdè egregiè fabricata.

Item ex aliâ parte brachium ejusdem Sancti Sifredi in argento incastratum cum imagine manûs episcopi in pontificalibus signantis seu benedicentis cum gemmis diversi coloris ornatum et decoratum, ac etiam valdè egregiè fabricatum. (Ex inventar.

L'an 1447, Guillaume Soïberti, évêque de Carpentras, fit l'ouverture de la châsse de Saint Siffrein, pour en tirer les os de la tête du Saint, qu'il fit placer dans un buste d'argent (1).

L'an 1605 et le 18 mai, Horace Capponi, évêque de la même ville, fit encore ouvrir la châsse qui contient les saintes reliques, dont il prit quelques particules destinées à la consécration des autels portatifs, et deux doigts qu'il donna, l'un à l'église de Venasque, et l'autre à celle de Mazan (2).

La châsse de Saint Siffrein avait été fabriquée en forme d'église gothique surmontée d'un clocher du même style. Elle avait deux pieds et demi de long, deux de haut, un et demi de large. Elle était de bois de noyer, couverte de lames d'argent dorées, enrichie de cristaux de diverses couleurs, ornée de

manuscript. jur. mens. episcop. Carpentor., p. 183.) Ce manuscrit se trouve à la Bibliothèque d'Inguimbert.

(1) Hist. eccl. du Comté Venaissin et de la ville d'Avignon. Manuscrit de Fornéry, page 273.

(2) Ex inventat. manuscript. loc. cit. page 283 verso.

4

figurines artistement travaillées, représentant les miracles de Saint Siffrein. Les plaques d'argent qui la couvraient étaient du poids de 51 marcs, 5 onces, 6 gros.

Le buste de Saint Siffrein était monté sur une tour antique de figure octogone, soutenu par deux anges placés sur un piédestal, le tout en vermeil. La tête était de grosseur naturelle, couverte d'une mître. Dans une ouverture pratiquée sur le sommet, il y avait une partie du crâne du Saint bien conservé, enveloppé dans du taffetas cramoisi. Le buste, y compris la tour, avait trois pieds et demi de haut. L'ouvrage était parfaitement exécuté. On lisait au pied de la tour, sur le devant, cette inscription : *Hoc Stephanus fecit Marci de Cernis;* sur le derrière, cette autre : *Reverend. Guillelmus Carpentoractensis episcopus.* L'argent du buste de Saint Siffrein, des deux anges et de la colonne, étaient du poids de 110 marcs, 1 once, 2 gros.

La figure du bras en argent, dont nous avons parlé, avait une coudée de hauteur. Il y avait l'os de l'avant-bras du Saint couvert d'un taffetas vert. Son poids était de 3 marcs, 7 onces, 4 gros (1).

L'an 1711 et le 14 août, Mgr Abbati, évêque de Carpentras, désirant que les reliques de Saint Siffrein, renfermées en ces diverses châsses, fussent disposées avec plus de décence et portées avec plus de respect, rendit l'ordonnance suivante :

« François-Marie Abbati, par la grâce de Dieu et du Saint-Siége apostolique, évêque de Carpentras, assistant du trône de N. S. P. le Pape, pourvoyant à ce que les saintes reliques, et surtout celles du patron titulaire de cette église cathédrale de Saint-Siffrein, dans les occasions où il faut les sortir pour les exposer ou porter processionnellement par la ville, soient préparées avec plus de décence conforme à l'honneur dû à ces Saints, nous ordonnons que lorsque lesdites reliques seront tirées du lieu où elles sont conservées, elles seront portées au grand autel de

(1) Extrait par Maillet des pièces originales de l'administrat. du district. Voir son manuscrit précité.

ladite cathédrale avec l'assistance des personnes laïques, et toujours accommodées et préparées par deux de Messieurs les bénéficiers de la même église, qui seront décrits et mis par tour en table par Monsieur le capiscol, et que, dans l'ordre des processions, il y aura toujours des prêtres en surplis, comme de coutume, autour des reliques qui seront portées par des laïques, revêtus de l'habit de pénitents gris pour marque d'un plus grand respect ; et pour exciter davantage le zèle et la ferveur desdites personnes laïques, chaque fois qu'elles porteront lesdites reliques, nous accordons à chacune d'elles l'indulgence de quarante jours.

» Donné à Carpentras, dans notre palais épiscopal, le quatorze août mil sept cent onze.

F. M. *évêque de Carpentras.*

ESBÉRARD, *secrétaire.* »

En 1720, la peste faisait à Marseille des ravages affreux et portait la désolation dans les familles. Les provinces voisines étaient frappées d'épouvante et de terreur. Mgr Abbati, que nous venons de citer, voulant relever par des sentiments de foi les esprits abattus de ses diocésains, et les porter à la pénitence, ordonna trois neuvaines solennelles, et publia à ce sujet la lettre pastorale suivante, dont nous ne donnons que le commencement et ce qui a rapport aux reliques de Saint Siffrein :

LETTRE PASTORALE

DE MONSEIGNEUR L'ÉVÊQUE DE CARPENTRAS A TOUS LES FIDÈLES DE SON DIOCÈSE, POUR LES EXCITER À IMPLORER LA DIVINE MISÉRICORDE DANS CE TEMPS DE TRIBULATION.

François-Marie Abbati, par la grâce de Dieu et du Saint-Siége apostolique, évêque de Carpentras, à tous les fidèles de son diocèse, salut et bénédiction.

« La contagion qui nous afflige et nous effraye chaque jour davantage par les pas qu'elle fait vers nous, et tant d'autres extrémités, envisagées par la foi, ne sont, M. T. C. F., que des marques certaines de la colère de Dieu irrité par nos péchés, et les effets de sa juste vengeance. Mais au travers de son courroux, nous ne laisserons pas d'apercevoir sa miséricorde, si nous considérons que, pouvant nous frapper les premiers, il s'est contenté jusqu'aujourd'hui de nous menacer. Instruisez-vous, Jérusalem, nous dit-il par le prophète Isaïe, de peur que je ne m'éloigne de vous : *Erudire, Jerusalem, ne fortè recedat à te anima mea.* C'est par l'horrible spectacle dont il nous rend presque témoins, et, pour ainsi dire, aux dépens des autres, qu'il veut nous instruire. Il fait venir la mort jusqu'à nos portes pour nous rappeler à lui, et nous apprendre qu'il nous frappera comme les autres, s'il n'est retenu par une conversion sincère et générale. Instruisez-vous, M. T. C. F., vous dis-je avec le prophète, de peur que Dieu ne s'éloigne de vous jusqu'à vous donner avec la mort du corps la mort éternelle de l'âme. Nous ne craindrons pas de perdre la part que nous avons à ses infinies miséricordes, si, prosternés devant sa divine Majesté, nous acceptons avec soumission, à l'exemple du roi David, les châtiments dont il nous jugera dignes, et si, peu contents de nous y soustraire par la fuite et les autres voies incertaines de la prudence humaine, nous nous attachons principalement à la pénitence et à la prière, comme aux plus véritables préservatifs, conservant au milieu des maux une crainte filiale, c'est-à-dire, plus d'horreur pour le péché que pour les châtiments qu'il attire, et une parfaite confiance en la bonté de Dieu, nous souvenant qu'il nous assure par son prophète vouloir non la mort, mais la conversion des pécheurs.

» A ces causes, nous commencerons, jeudi prochain 24 du courant, dans notre église cathédrale, une neuvaine en l'honneur de Saint Siffrein, patron de cette ville, laquelle terminera le jour de la Toussaint. Les reliques du Saint seront exposées sur le grand autel à la vénération publique. On donnera la bénédiction du Très-Saint Sacrement, laquelle sera précédée d'une exhortation ou méditation d'un quart d'heure, pour exciter le peuple à la pénitence. Immédiatement avant le *Pange lingua,* on chantera l'hymne du Saint avec l'oraison propre, à quoi on ajoutera les autres prières qui seront marquées à la fin de notre mandement..... etc.

» Donné à Carpentras, dans notre palais épiscopal, le 19 octobre 1720.

F. M. *évêque de Carpentras.*

ESBÉRARD, *secrétaire.* »

Conformément à cette lettre pastorale, la première neuvaine commença le 24 octobre 1720. Le matin, après la grand'messe, le Saint Sacrement était exposé au maître-autel. On y célébrait ensuite une messe basse, à laquelle assistaient les consuls en chaperon, à la tête d'une foule de fidèles ; à l'issue du saint Sacrifice, le célébrant donnait la bénédiction du Très-Saint Sacrement.

Le soir, à quatre heures et demie, le Saint Sacrement était exposé de nouveau. On faisait une méditation d'un bon quart-d'heure, que l'on terminait par la récitation de cinq *Pater* et cinq *Ave*. A cinq heures, le clergé chantait les litanies des Saints, le *Miserere*, le *Pange lingua*, après quoi l'officiant donnait la bénédiction du Saint Sacrement. Cette neuvaine fut clôturée, le jour de la Toussaint, par une procession générale, à laquelle on porta le chef de Saint Siffrein avec le cérémonial prescrit dans l'ordonnance du 14 août 1711, par le même évêque (1).

Il nous reste à parler maintenant de la fête qui se célébrait tous les ans en l'honneur du Saint avant 1790 ; voici comment la décrit Maillet, dans son manuscrit précité : « La » veille, dit-il, à la pointe du jour, cette fête » était annoncée par la décharge de dix-huit » boîtes hors la porte d'Orange, et par les » cloches de la cathédrale. Même répétition » à midi ; les tambours se faisaient entendre, » accompagnés du fifre attaché à la com- » mune, en habit rouge. Le soir, MM. les » consuls, avec leur cortége ordinaire et en » chaperon, assistaient aux premières vêpres, » qu'on chantait à grand orchestre. Après » les vêpres, la bénédiction du Saint Clou, » avec une brillante illumination. En sortant » des vêpres, les consuls se rendaient hors

(1) Extrait du manuscrit de Maillet, *Matière ecclés.* tome 2.

» la porte d'Orange, précédés des tambours » et de leur cortége, pour allumer un beau » feu de joie. Du moment qu'ils sortaient de » cette porte, on tirait de nouveau les boîtes. » On promenait enfin par la ville la bannière » de Saint Siffrein. Le lendemain matin, à la » pointe du jour, nouvelle décharge des boî-» tes, ainsi que pendant le parcours de la » procession; le buste en argent de Saint » Siffrein y était porté par quatre pénitents » gris, avec une escorte de cinquante paysans » armés. Un chanoine était à côté du buste, » les consuls venaient ensuite. Ils assistaient » à la messe solennelle qui se célébrait immé-» diatement après la procession, et le soir » aux vêpres qu'on chantait avec la même » magnificence que la veille. »

» On fêtait avec une pareille solennité la » translation des reliques de Saint Siffrein, » le troisième dimanche après Pâques. Toute » la différence consistait en ce que, au lieu » du buste de Saint Siffrein, on portait à la » procession la châsse des reliques du Saint. »

Bientôt l'orage révolutionnaire ferma les

portes du temple par les mains sacriléges de l'impiété, et force fut de suspendre tout culte extérieur, toute prière publique.

Mais depuis que l'église de Saint-Siffrein a été rouverte à la piété des fidèles (1802), la fête du patron titulaire est célébrée tous les ans avec magnificence. Les sonneries majestueuses des cloches annoncent, dès la veille, cette grande solennité. Dès l'aurore, la joie se réveille dans le cœur des habitants. Toute la ville s'émeut pour cette fête, et se presse aux pieds des autels du Seigneur, pour célébrer un antique souvenir du christianisme dans nos murs. Les vêpres sont chantées avec gravité par un nombreux clergé, et les officiants, revêtus de riches ornements tissus d'or, exécutent les augustes cérémonies avec un ensemble admirable. De temps en temps les archevêques d'Avignon, invités à la solennité, viennent, par leur présence et la pompe qui les environne, doubler l'éclat de la fête. Le Saint Clou est exposé à la vénération des fidèles sur une estrade élevée au dessus de la grande tribune qui domine la porte latérale de l'édifice sacré (1). Les chapelles sont parées avec goût et somptuosité. Les reliques de Saint Siffrein, renfermées dans des urnes splendides, sont déposées sur le maître-autel qu'on a jonché de fleurs et embelli de tissus magnifiques. Des torches ardentes, placées symétriquement sur les gradins et sur des candélabres, faisant rejaillir leur lumière sur tous ces objets, en relèvent la richesse et la beauté. Le sanctuaire brille d'un éclat éblouissant par la quantité de flambeaux et de lustres suspendus à la voûte, reflétant comme une image d'un ciel constellé. Un immense triangle, portant au milieu l'effigie du Saint Clou soutenu par deux anges, s'élève majestueusement sous la coupole de l'abside, projetant tout autour ses rayons enflammés ; et une guirlande de milliers de flambeaux ceint les chapelles de la vaste nef, qui resplendit de leur lumière.

(1) Mgr Butius, évêque de Carpentras, dans le synode diocésain qu'il tint en 1697 (ch. XI), défendit d'exposer le Saint Clou en d'autres jours que celui du vendredi saint et de la fête de Saint Siffrein. Mgr d'Inguimbert, évêque de la même ville, renouvella cette défense dans le synode diocésain, tenu par son ordre le 31 août 1756 (chap. XIII).

Dès que l'officiant a entonné le chant de la liturgie sacrée, la puissance et les bienfaits de l'illustre patron sont exprimés d'une manière touchante et vigoureuse dans une musique d'une composition remarquable. Le *Dixit Dominus* de Lalande, le *Beatus vir* de Boudou, l'hymne de Papet (1) sont exécutés par des artistes distingués. La plupart des versets de ces chants sacrés accusent une facture large et sublime. Au moment du *Magnificat*, le maître-autel, l'un des plus beaux du diocèse, paraît tout à coup ruisselant d'or et de lumière : cet effet est produit par la grande quantité de flambeaux qui l'illuminent et par les brillants ornements qui le décorent.

A la fin des chants sacrés, on voit paraître, sur la tribune qui s'élève au milieu de la nef, un prêtre vénérable, revêtu de ses ornements sacrés, escorté de jeunes lévites tenant à la main des torches ardentes ; les fronts s'inclinent à son aspect, et la foule recueillie reçoit la bénédiction du Saint Clou.

(1) Voir ces mots dans le Dictionn. du départ. de Vaucluse, par le Dr Barjavel.

Le lendemain matin, aux graves sonneries des cloches, les fervents chrétiens de la cité s'empressènt d'assister à la messe solennelle et de payer le tribut de leurs hommages aux reliques exposées à la vénération des fidèles. Le soir, une foule encore plus nombreuse se rend avec la même joie que la veille dans l'ancienne cathédrale pour chanter, avec les ministres sacrés, la gloire de Dieu et exalter les mérites du saint Patron. « Dire le bonheur et le contentement de l'assistance en ce jour de solennité religieuse, ne sera jamais donné à la langue humaine. Le cœur sent, mais les lèvres restent muettes. La religion seule a de ces joies, mais elles ne sortent pas de son domaine (1). »

La fête de Saint Siffrein a toujours été célébrée avec pompe et magnificence à Carpentras, depuis que cette ville possède les reliques du bienheureux. L'affluence des étrangers qui viennent y assister est immense, et l'on peut dire que ceux-ci rivalisent de zèle avec

(1) Paroles de feu M. Pélat, curé de Valréas, dans une semblable circonstance. (Revue des Bibl. paroiss. janv. 1851.)

les habitants de la cité pour honorer le saint Patron. Si l'on demande la raison de ce concours prodigieux, origine du splendide marché public qui se tient à pareil jour, de temps immémorial, en cette ville, il est facile de répondre à cette question. On a vu dans la *légende, qu'après la mort de Saint Siffrein* à Venasque, *il s'opéra tant de miracles à son tombeau, qu'on y accourait de toutes parts; que les vœux des nombreux pèlerins y étaient exaucés, et qu'aucune prière ne demeurait sans effet;* mais que, *depuis que le dépôt sacré fut transporté dans l'église* de Carpentras, *le concours des fidèles fut encore bien plus grand auprès des saintes reliques, et les miracles bien plus nombreux.* Les souverains pontifes attestèrent ces miracles et ouvrirent le trésor des indulgences, pour récompenser la foi des chrétiens qui viendraient vénérer les dépouilles du Saint le jour de sa fête ou de la translation de ses reliques. Ainsi Urbain V, par son bref, donné à Avignon le 3 des ides de juillet 1362, accorda indulgence à tous ceux qui visiteraient, le jour de la translation de Saint Siffrein, l'église dont il est titulaire.

Nicolas V, en 1451, et Jules II, en 1504, par son bref daté de Rome le 16 des calendes de mai, accordèrent indulgence à tous ceux qui, s'étant confessés, visiteraient l'église de Saint-Siffrein la veille et le jour de la fête de ce Saint, *à cause des miracles opérés par son intercession*. Clément VII, par son bref donné à Rome le 11 mai 1526, et par un autre daté de Bologne le 8 novembre 1529, *accorda la rémission et l'indulgence plénière de leurs péchés à tous les fidèles de l'un et de l'autre sexe qui, après avoir humblement et avec une sincère contrition confessé leurs péchés, ou en ayant la volonté, assisteraient à l'exposition du Saint Clou, ou visiteraient l'église de Saint-Siffrein avec dévotion, depuis les premières vêpres jusqu'au soleil couché inclusivement du jour de la fête de ce Saint*. Enfin Pie VII publia un rescrit, en date du 20 janvier 1818, adressé à M. Justiniani, curé de Saint-Siffrein, par lequel il accorda, pendant sept ans, une indulgence plénière à tous ceux qui visiteraient dévotement, après s'être confessés et avoir reçu la sainte communion, l'église de Saint-Siffrein, le 26 novembre au soir et le

27 du même mois, jour de la fête patronale de cette église (1).

Les fidèles répondirent à cet appel. Ils vinrent de toutes parts invoquer la protection du Saint, attirés par les grâces qu'ils attendaient de sa puissante intercession et par les récompenses spirituelles que leur offraient les souverains pontifes. Leurs vœux étaient exaucés. Des malheureux atteints par de pénibles infirmités, venant implorer sa générosité, s'en retournaient entièrement guéris, après avoir prié dans l'église où il reposait. *Le peuple louait Dieu hautement, qui avait donné aux hommes un tel pouvoir.* Plus le bruit de ces prodiges se répandait dans les environs de Carpentras, et plus on voyait s'accroître la foule des malheureux de toute sorte qui venaient solliciter la guérison de leurs maux divers : la miséricorde divine ne faisait pas défaut à la foi du peuple chrétien, et elle accordait aux prières de ceux qui prenaient Siffrein pour avocat des grâces plus

(1) On peut voir tous ces brefs, soit dans la collection-Tissot, soit aux archives de l'hôtel-de-ville de Carpentras.

nombreuses et plus évidentes. Comme les reliques du Saint étaient exposées à la vénération des fidèles le jour de sa fête, c'était spécialement en ce jour que l'on voyait accourir de toutes les parties du diocèse, et même des provinces voisines, les malades et les âmes souffrantes. Ceux qui avaient reçu, les années précédentes, des grâces spéciales en ce lieu de merveilles, venaient s'acquitter d'un vœu dicté par la reconnaissance, et d'autres, mus par le sentiment religieux, qui était si vif en ces siècles de foi, faisaient le pieux pèlerinage pour avoir part au bénéfice des indulgences. Telle est, à notre avis, l'origine et l'explication du concours prodigieux que l'on remarque tous les ans à Carpentras, la veille et le jour de la fête de Saint Siffrein.

Les pieux chrétiens de la cité, témoins des grands prodiges qui eurent lieu près de la tombe du Saint, soit en leur faveur, soit en faveur de ceux qui venaient implorer son assistance, entouraient de leur vénération et de leur amour ses dépouilles sacrées, qui leur étaient d'autant plus précieuses que le ciel les en avait constitués les gardiens et les dépositaires.

On ne croyait pas que l'on pût honorer avec trop de religion et de pompe les restes sacrés de ceux qui ont été nos pères dans la foi. Aussi, pendant plusieurs siècles, ces saintes reliques furent portées sous un dais, aux deux processions que nous avons signalées, comme nous l'indique une note insérée dans le manuscrit déjà cité de M. Maillet. Nous la copions textuellement, sans lui rien ôter de sa couleur et de son style :

« Vingt trois mars, mil six cent vingt quatre, M. François Ver, du lieu de Carpentras
» et citoyen du mesme, marié avec Mlle de
» Bus, ayant veu que les ossements de Mon-
» sieur S. Siffrein étoient sous un dais de
» cuir peint aux processions comme chose
» fort basse aux mérites dudit Saint, fit faire
» un poêle de brocart parsemé de fleurs d'or
» et doublé d'un taffetas rouge, pour être
» porté aux processions, auxquelles le chef et
» quaisse de S. Siffrein sont portés, à scavoir
» à sa nativité et translation, et à la veille de
» l'Ascension de Notre Seigneur ; lequel dais
» fut remis entre les mains du vénérable de

» ladite église par M. P. de Florans, il y a » environ quatre ou cinq ans, et le soubas- » sement qui sert à porter le chef de Mgr S. » Siffrein avec quatre bâtons fut fait par la » confrairie de S. Siffrein et les autres quatre » par l'œuvre de l'Eglise.

» Fait le 23 mars 1622. P. de Florans dé- » puté, ainsi signé. » (1)

On prenait les précautions les plus sages pour conserver ces précieuses reliques, et les empêcher de tomber au pouvoir de quelque voleur ou de quelque malfaiteur. Afin d'atteindre ce but, on enfermait les châsses dans le trésor, l'on donnait une clef du trésor à un chanoine, et l'autre était confiée au second consul. Ces deux personnages ne la gardaient qu'une année ; au renouvellement annuel des consuls (1er mai), celui qui était

(1) La sacrée Congrégation des rits, par un décret qu'elle rendit le 6 mai 1826, approuvé, le 27 du même mois, par Notre Saint Père le pape Léon XII, ne voulant pas, et avec raison, que l'on rendit aux Saints le même honneur que celui que l'on rend à Jésus-Christ au Très-Saint Sacrement, défendit de porter sous un dais les reliques, images ou statues des Saints, et nota d'abus l'usage contraire.

le second avait cette charge, et le lendemain de la fête de Saint Siffrein (28 novembre), le chapitre de la cathédrale assemblé faisait choix du chanoine qui devait être, jusqu'au retour de la fête, le dépositaire d'une des clefs. Par ce moyen, l'appartement qui renfermait les reliques et l'argenterie ne pouvait être ouvert sans la présence simultanée du second consul ou de son délégué, et du chanoine délégué par le suffrage du chapitre. On ne saurait supposer que des personnes de ce rang et de cette qualité se soient jamais entendues pour soustraire le sacré dépôt ou y faire quelque substitution : l'idée d'une pareille collusion ne vient pas même à l'esprit.

Les précautions si sages dont nous venons de parler, la fidélité du prêtre sacristain à garder toutes les choses saintes de l'église, l'inventaire que nos évêques en faisaient au commencement de leur épiscopat, les instruments qu'ils avaient soin de mettre dans la châsse des reliques de notre Saint, toutes les fois qu'ils en faisaient l'ouverture, soit pour constater qu'ils les avaient placées d'un lieu dans un autre, soit pour attester qu'ils en avaient ôté quelqu'une pour de graves motifs, l'honneur qu'ils n'ont cessé de leur rendre, eux, le clergé et les fidèles de leur diocèse, prouvent d'une manière péremptoire que les reliques de Saint Siffrein ont été conservées intactes dans notre église jusqu'à l'époque désastreuse de la Révolution.

En 1793, M. l'abbé Bertot, ex-bénéficier de l'ancienne cathédrale, s'en empara pour les soustraire à la profanation (1), et les ayant enveloppées d'une étoffe propre et décente, il les déposa avec leurs authentiques, ainsi que le Saint Clou et d'autres reliques qu'il eut le bonheur de trouver, sous l'escalier de sa maison de campagne. Il ne fut pas inquiété pour la détention d'objets qui, dans ces temps d'impiété, étaient réputés de nulle valeur, et sur la disparition desquels on voulut bien fermer les yeux. Il n'en fut pas de même pour le Saint Clou, comme nous le disons ailleurs. On l'obligea à le mettre en dépôt au muséum

(1) Pièces justificatives, nº 8.

de la bibliothèque, *comme objet d'art et pouvant servir à l'intelligence de l'histoire.*

Quelque temps après, l'abbé alla revoir son dépôt ; l'ayant vérifié, il le trouva intact et dans l'état où il l'avait mis, le tout bien conservé, sauf les sceaux des authentiques, que l'humidité du lieu avait anéantis ; il renferma les reliques de Saint Siffrein, en présence de plusieurs témoins, dans une caisse en bois de noyer, le 28 janvier 1794, et ladite caisse fut transportée dans la sacristie de la cathédrale. Le même jour on dressa procès-verbal de cette autre translation. Environ sept ans après cette époque, il rendit les ossements sacrés à M. Jéhan, ex-Père de Saint-Jean, qui desservait l'église de Saint-Siffrein comme curé. Quoique ce prêtre eût prêté le serment civique, il n'était pas tombé dans les excès que l'on pouvait reprocher à la plupart des intrus. Il reçut avec bonheur les reliques et les déposa dans des niches carrées recouvertes en verre aux quatre faces, et surmontées chacune d'un petit clocher, comme il conste par le procès-verbal qui suit, dont M. Eydoux, notaire, a bien voulu nous communiquer l'original.

Procès-verbal d'extraction et transposition des reliques de Saint Siffrein.

« Au nom de la Très-Sainte Trinité, Père, Fils et Saint-Esprit, soit notoire à tous présents et à venir que l'an 1801 et le 10 juin (v. st.), ou le vingt-un prairial an neuf de la République française, d'après le vœu précis formé par l'administration du culte exercé dans l'église paroissiale de Saint-Siffrein, de transporter les reliques du glorieux Saint Siffrein, patron et titulaire de ladite église paroissiale, d'une caisse en bois de noyer et fermée, dans laquelle elles avaient été déposées, ainsi qu'il en conste par le procès-verbal dressé le 9 pluviose an deux de la République (28 janvier 1794, vieux style), et de les replacer de suite dans deux châsses fort propres, où lesdites reliques seront soumises d'une manière plus directe aux yeux des fidèles, le citoyen Joseph-Antoine Baude administrateur a été chargé par ses collègues d'aller demander la clef de ladite caisse au citoyen Bertot, prêtre, qui, après plusieurs excuses, s'est enfin décidé à la faire remettre par le citoyen Valeton, cordonnier, au citoyen Joseph-Antoine Baude, et de suite les citoyens Nicolas-Siffrein Jéhan, prêtre desservant la paroisse, Jacques Marron, clerc de la même paroisse, François Feren et Joseph-Antoine Baude, se sont transportés dans la sacristie de Saint-Siffrein, et ont fait l'ouverture de ladite caisse en bois de noyer, dans laquelle ils ont trouvé inclus et contenus les objets suivants : 1° une partie de l'os du front, de la longueur de la main, enveloppé dans une pièce de taffetas cramoisi ; 2° un os de l'avant-bras, entouré d'une pièce de taffetas bleu ; 3° un petit sac cousu de satin cramoisi, contenant une assez grande quantité d'ossements. Au surplus, lesdits administrateurs ont été surpris de n'y point trouver : 1° un petit sac long et étroit rempli d'une matière terreuse ; 2° une pièce en toile blanche, de la largeur d'un mouchoir ordinaire, qui pouvait avoir servi de suaire ; 3° une boëte en fer blanc, renfermant trois parchemins qui contiennent les différents verbaux et authentiques relatifs aux reliques incluses ; 4° enfin, une partie de la Sainte Epine enveloppée dans un rouleau en soie et or, placée dans une espèce d'ostensoir en argent, ainsi qu'il en conste par le procès-verbal dressé l'an deux de la République française, neuvième jour du mois pluviose (28 janvier 1794, vieux style), de tout quoi le présent acte a été dressé et signé par les administrateurs déjà nommés, à l'exception du citoyen Jacques Marron, clerc de la paroisse, qui a déclaré être illitéré.

En foi de ce à Carpentras, les jour, mois et an que dessus. Jéhan, prêtre. — Joseph-Antoine Baude. — Férén.

M. Justiniani ayant été installé curé de Saint-Siffrein, le dix-sept juillet mil huit cent deux, apprit avec joie que les saintes dépouilles du patron de sa paroisse se trouvaient dans son église ; mais il sut en même temps que les sceaux des authentiques n'avaient pas été conservés. Il écrivit à ce sujet à Mgr l'évêque d'Avignon, pour savoir comment on pourrait procéder à une nouvelle authenticité de ce pieux trésor. Cependant plusieurs mois s'écoulèrent dans l'expectative. Mgr Périer avait à faire des choses trop importantes dans son vaste diocèse, composé des départements de Vaucluse et du Gard, pour pouvoir s'occuper du détail des œuvres pies des diverses paroisses. Toutefois les vœux du vénérable curé ne restèrent pas longtemps sans se réaliser. Vers le commencement de l'année 1805, une commission fut nommée par l'Autorité Ecclésiastique, à l'effet de procéder à la reconnaissance et vérification de toutes les reliques de la paroisse ; elle s'assembla le 27 avril de la même année, fit son enquête, et on dressa procès-verbal de ses opérations, lequel a été regardé comme le supplément des authentiques. Nous en extrayons l'article suivant, qui a trait aux reliques de Saint Siffrein.

« Au nom de la Très-Sainte Trinité, Père,
» Fils et Saint-Esprit. L'an mil huit cent cinq
» et le vingt-septième jour d'avril. Nous
» soussignés, délégués par M[r] notre révéren-
» dissime évêque Jean-François Périer....
» Certifions et déclarons que les deux châsses
» en bois enfermées par des verres, que l'on
» expose à la vénération des fidèles aux jours

» de solennité, contiennent réellement les » reliques du bienheureux Saint Siffrein, » titulaire de cette église et patron principal » de cette ville, et que, dans aucun temps, » il ne s'est fait aucune altération ou chan- » gement dans lesdites reliques. En foi à Car- » pentras, an et jour que dessus. »

Suivent les signatures : Boyer, sous-préfet. Justiniani, curé. Waton, maire. Ch. Cottier, président de la cour de justice criminelle du département de Vaucluse, membre de la Légion d'Honneur. Mézard, procureur général impérial. J. P. Augustin Gaud, procureur impérial. Guyon, d. es d., juge de paix (sud). Romette, prêtre. Dumergue, prêtre. Bertrand, prêtre. Durand, ex-chanoine. Rieux, vicaire. Tissot, vicaire. Capelle, vicaire. Jehan, prêtre doyen. Bermés, prêtre. Rousseau. Felys. Laurans, prêtre. Eysséric. Morier. Nourri, prêtre. Laurant. Guérin. Lantiany. Siffrein Des Isnards. Trescarte. Caire. Romanin. Liotier, aîné. Dornan, aîné. Michel Dufour. Vache, aîné. Tassis. Guigue. Ainsi signé à l'original que nous avons sous les yeux.

On regrettait bien vivement les châsses si riches et si splendides qui renfermaient les reliques du Saint, surtout lorsqu'on les voyait déposées dans des urnes en bois si pauvres et si mesquines, seulement recouvertes de verres simples. Mais l'église se trouvait dans la pénurie et dans le délabrement ; il y avait beaucoup à faire, tout à faire, pour ainsi dire. On visait au plus essentiel, et force fut de se passer pendant longtemps encore d'un reliquaire plus riche qu'aurait souhaité la piété des fidèles.

Enfin, par délibération du 4 juin 1819, le Conseil municipal, sur la demande du Conseil de Fabrique, lui accorda la somme de quatre cents francs, pour faire l'acquisition de châsses décentes et solides, à l'effet d'y déposer les reliques de Saint Siffrein. Ce ne fut que l'année suivante qu'on les reçut. La translation des reliques fut faite par M. le curé Justiniani, en présence de M. le marquis Des Isnards, maire de la ville, de MM. Devillario et Guérin, adjoints à la mairie, du clergé et des membres de la Fabrique. Après les prières d'usage en pareilles circonstances,

M. le curé, en surplis et en étole, prit les ossements sacrés de Saint Siffrein, de Sainte Cordule et de plusieurs autres Saints, qui se trouvaient dans les anciens reliquaires, les enveloppa de rubans cramoisis, les plaça respectueusement dans les nouveaux, les scella avec le sceau de la mairie et avec son propre sceau, et quand les couvercles furent fixés et vissés, il y apposa les mêmes sceaux en cire d'Espagne. On dressa de tout le procès-verbal qu'on va lire et que nous avons extrait des registres de la paroisse de Saint-Siffrein, (registre des baptêmes, année 1820, p. 273.)

Translation des reliques.

» L'an mil huit cent vingt et le douze du
» mois d'août, nous avons mis les reliques de
» Saint Siffrein, patron de cette paroisse, et
» jadis du diocèse de Carpentras, de Sainte
» Cordule et de plusieurs autres Saints, ho-
» norés depuis plusieurs siècles dans cette
» église, dans des châsses de bronze doré et
» argenté. Elles étoient, avant la révolution,
» dans des châsses d'argent et de vermeil,

» ornées de pierres précieuses ; depuis la » révolution, elles étoient renfermées dans » des caisses fragiles et peu décentes; par les » soins de M. le marquis Des Isnards, notre » maire, de Messieurs Devillario et Guérin, » ses adjoints, du Conseil de cette ville, nous » les plaçons aujourd'hui dans des urnes so- » lides et très décentes pour être honorées » comme elles l'ont toujours été, en présence » du clergé de Carpentras, de MM. les Mar- » guilliers et de plusieurs notables, qui ont » signé avec nous le présent verbal. »

Suivent les signatures : Justiniani, curé doyen et chan. honoraire. Tissot, vicaire. Athenosy, vicaire. Poutingon, vicaire. Benoît Germain. Devillario-Quenin, adjoint. Siffrein de Cavet. Camille de Thomas de Lavalette. Bonnefous. Curel. Auguste Anrès. Liautaud, sacristain. Ainsi signé à l'original.

Ce n'est pas seulement à Carpentras que Saint Siffrein est vénéré. On trouve son culte établi en plusieurs lieux, tels que Venasque, Mazan, Arles, Uzès, etc. Il y a, près de cette dernière ville, un bourg considérable qui porte le nom de Saint-Siffrein. L'historien de

Nîmes (t. 1, p. 119, aux *preuves*) l'appelle *Castrum Sancti Suffredi in diœcesi Uticensi.* Les fidèles de la campagne d'Arles se recommandent dans leurs maladies au saint pontife, dont ils donnent le nom aux enfants qui sont présentés au baptême. On célébrait sa fête dans quelques paroisses du diocèse de Gap. Il en était de même à Vercoiran, où un quartier rural porte le nom de cet évêque, à qui une chapelle y était jadis dédiée. Bouche (*Essai sur l'Hist. de Prov.*, t. I, p. 346) énonce que dans le territoire de Reillane est une chapelle dite de *Saint-Siffrein*, construite sur les restes d'une maison des Templiers. Ce Saint est aussi honoré d'un culte particulier au bourg de Séguret. Il y a dans le terroir de Sisteron un quartier appelé du nom de Saint Siffrein, où l'on voit les ruines d'une église qu'on avait élevée en son honneur (1). « Le » pouvoir des intercessions de Saint Siffrein » contre les esprits malins, dit l'abbé de Saint- » Véran, a toujours été reconnu et éprouvé ;

(1) Dictionn. hist. de M. Barjavel, article SAINT SIFFREIN, *passim.*

» et c'est sans doute ce qui a beaucoup servi » à étendre son culte, surtout dans les temps » où les possessions étoient si communes. »

Après avoir raconté la vie de Saint Siffrein, présenté le tableau de ses vertus, de ses miracles et de sa mort précieuse devant Dieu ; après avoir parlé de ses reliques, des prodiges incontestés qu'elles ont opérés, de leurs diverses translations et de l'honneur que cette église leur a toujours rendu, qu'il nous soit permis, tombant à ses pieds, de réclamer sa puissante intercession, et de lui dire avec simplicité :

« Priez pour nous, Saint Siffrein, afin que nous soyons rendus dignes des promesses de Jésus-Christ.

« Dieu tout-puissant et infiniment miséricordieux, qui avez rendu le pontife Saint Siffrein admirable, en lui donnant le pouvoir de guérir les maladies du corps et de chasser les mauvais esprits, daignez nous délivrer, par son intercession, de toute sorte d'adversités, afin que le souffle impur du démon ne vienne point flétrir notre âme et que nous n'aimions que vous, ô mon Dieu, avec un cœur pur. Nous vous demandons cette grâce par notre Seigneur Jésus-Christ, qui vit et règne avec vous dans l'unité du Saint-Esprit dans tous les siècles des siècles.

» Ainsi soit-il (1). »

(1) Ora pro nobis, B. Sifrede,
Ut digni efficiamur promissionibus Christi.

OREMUS.

Omnipotens et misericors Deus, qui Beatum Sifredum pontificem in curandis corporum morbis et dæmonibus effugandis mirabilem effecisti, ejus nobis intercessione concede, ut ab omnibus adversitatibus liberati, diabolica possimus vitare contagia, et te solum Deum purâ mente sectari. Per Dominum nostrum, etc.

(Commemor. S. Sifredi in Eccles. Carp. ex autorit. SS. pontific.)

PIÈCES JUSTIFICATIVES.

N° 1.

On lit dans la *Revue des Bibliothèques paroissiales* (Ire année, n° 2, décembre 1850, page 20) une note ainsi conçue : « La légende de l'office de » Saint Siffrein le fait originaire de la *Champa-» gne,* » et dans le n° 22 de l'année 1859, article *Calendrier spirituel*, on lit ce qui suit : « Saint » Siffrein, évêque de Carpentras et confesseur. Il » vint, encore jeune, de la *Champagne*, où il » était né... »

Cet énoncé renferme une erreur historique qu'il est utile de relever.

Saint Siffrein n'est pas né en Champagne ni dans la Campanie ; il est né à Albano, Campagne de Rome, vers l'an 490. En effet, nous lisons dans Surius : « Tempore quo florebant studia Lerinensis cœnobii, » in partibus Galliarum cœpit undiquè religio chris-» tiana sub jugo Domini crescere, quod portantibus » leve esse dignoscitur, atque studiis litterarum sese

» committere, quo in loco pastor præerat egregius » sacerque Christi Cæsarius famulus, qui posteà » Arelatæ episcopus extitit. Cumque ad eum omnes » unanimiter concurrerent pro salute animarum, » sive studiis litterarum, quidam miles de partibus » Campaniæ oriundus, sed intrà civitatem Albanum » nutritus, quæ sibi jure hæreditario media debe- » batur propinquitatis successione, Lerinum veniens » causam pandit, seque monachum cum filio Siffredo » magnoperè optat fieri, inibiquè humaniter satis » suscepti, vitam arduam angustamque viam su- » munt.... » (*De probatis Sanctorum vitis*, quæ Surius edidit november, pag. 620; de S. Siffredo episcopo Carpentoratensi, alias Vindacensi, ex-monacho sacræ insulæ Lerinensi, et mss. pervetusti codicis dicti cœnobii, edita à Vincentio Barrali in chronologiâ dicti monasterii, floruit circà annos Domini 550.)

D'après la chronique de Vincent Barral, textuellement copiée par Surius, le père de Saint Siffrein est originaire de la Campagne de Rome. Il fut nourri à Albano, ville de la dite province. La moitié de cette cité lui était échue en partage par droit de succession. Il laissa sa femme à Albano et abandonna ses immenses propriétés pour se rendre avec son fils unique au monastère de Lérins. On voit évidemment que Saint Siffrein est né dans cette même ville, dont la moitié appartenait à son père, et dans laquelle résidait encore sa mère, lors de son départ pour Lérins. (Surius, loc. cit., p. 621, parag. 111.)

Nous ajoutons que Saint Siffrein naquit vers l'an 490. Voici nos preuves :

Saint Césaire fut promu au siége d'Arles l'an 502. « Cæsarius pontificatum iniit anno Christi quingentesimo secundo. » (*Annales ecclesiastici Francorum, auctore Carolo Le Cointe*, tome I, page 454.) Il avait reçu dans son monastère de Lérins le père de Saint Siffrein, ainsi que son fils. « Non distulit » Cæsarius militem cum filio sancto mancipare col- » legio. » (Surius, loc. super. cit., p. 622.) Le père fut admis aux exercices d'une vie pénitente et laborieuse. « Miles synaxis officia dari, et obedientiæ » servitutem sibi prompto deposcit amore, et avidus » provisor exercet, injunctum competens utilibus » opus. » (Surius, ib.) Et son fils fut appliqué aux lettres, à la grammaire, à la dialectique, à la rhétorique, où il fit en peu de temps de rapides progrès. « Filiusque illius eruditionis sacræ studiis annectendus subditur pedagogo, ad plenum litteras edocendus. In quo itaque discendi studio, parvo temporis spatio emerso, ite luculentissimè viguit in Grammaticæ artis disciplinis rationalibus, ac Dialecticorum prædicamentorum argumentis exilibus, et Aristotelicis definitionibus, necnon Rhetoricorum facundis protelationibus, manans inexhauriendis oppositionum fluctibus, ut conciliorum polleret exemplis. » (Surius, ib.) Or, quand même Saint Césaire n'eût reçu dans son abbaye ces deux étrangers que l'année même de sa promotion au pontificat (502), il faudrait toujours supposer que le jeune

Siffrein devait avoir, à cette époque, au moins de dix à douze ans; car ce n'est guère qu'à cet âge qu'un enfant peut se consâcrer à des études sérieuses. D'où il suit que Saint Siffrein a dû voir le jour l'an 490, plutôt avant qu'après.

No 2.

Il est dit, dans la vie de Saint Siffrein, que ce pontife dédia une église à Saint Jean-Baptiste. Or, on trouve sous le presbytère de Venasque un édifice en forme de croix grecque, qu'on a cru longtemps un temple du paganisme, et que les archéologues regardent avec plus de raison comme un baptistère. Nous nous rangeons volontiers de leur avis, et de plus nous allons essayer de prouver que Saint Siffrein l'a élevé lui-même et l'a dédié à Saint Jean-Baptiste.

Disons d'abord un mot de Venasque et du prétendu temple de ce village; nous parlerons ensuite de l'origine et de la destination des baptistères, de la forme du baptistère précité et de la date approximative de sa construction.

1. *Venasque.* Ce village est à deux lieues sud-est de Carpentras. Il est bâti sur la cime d'un rocher très-escarpé, dont le plateau assez étendu pourrait aisément contenir une population trois fois plus

grande que celle qui s'y trouve réunie. L'étymologie de Venasque, en latin *Venascus*, semble dériver, d'après Ménard (1), de *Veneris acus* (habitation de Vénus) ; au lieu de *Veneracus* on a dit *Venascus*, ce qui s'est fait par une simple syncope, en retranchant une seule syllabe au milieu du mot, comme on en trouve tant d'exemples dans la formation des noms de villes. Le mot *acus* signifiait, dans le moyen âge, un lieu habité, même une simple maison de campagne, et ce mot, ajouté à celui du propriétaire du lieu, devenait ensuite le nom de la ville formée par la succession des temps en ce lieu-là même. Nous avons une infinité de noms de villes, dont les terminaisons semblables fournissent une preuve certaine de cet usage ; telles sont, entre autres, les villes de *Cameracum*, Cambray ; de *Vitriacum*, Vitry, etc. La Nesque, en latin *Nasca*, est une rivière qui coule au pied de la colline où ce village a été bâti ; elle ne commence à prendre ce nom qu'aux approches de Venasque, n'ayant point de dénomination dans le reste de son cours, ce qui porte à croire qu'elle a pris le nom du lieu, et non le lieu celui de la rivière.

2. *Le temple de Venasque*. Cet édifice est d'une forme singulière : c'est une coupole inscrite dans un carré, sur les faces duquel sont adaptées quatre

(1) Mémoires de littérature, tirés des registres de l'Académie royale des Inscriptions et Belles-lettres. Tome 32e, page 759 et seq.

absides en cul-de-four, correspondant aux quatre points cardinaux. L'appareil est petit, grossier, irrégulier. Les voûtes des culs-de-four sont en blocage ; celle de la coupole est en moëllons, mais en partie moderne. Le grand diamètre de cette croix grecque est, dans œuvre, du nord au midi, de 16m,30, et de l'est à l'ouest, de 12m,20. La profondeur des absides varie de 4m,40 à 6m,30. Il est impossible de se faire une idée de la décoration extérieure ; car, excepté le côté oriental qui surplombe un rocher très-élevé, les autres côtés de l'édifice sont engagés dans le presbytère. A l'intérieur, huit grandes colonnes, cinq corinthiennes, trois modernes, dont le fût est de marbre gris et les chapiteaux de marbre blanc, soutiennent un reste de corniche informe. Six colonnes beaucoup plus petites en cipolin ou pierre sont disposées autour de chacune des absides, supportant une arcature cintrée, à claveaux mal taillés. Les grandes colonnes, dit Mérimée, sont antiques assurément. Il se peut que les fûts des petites le soient aussi. Vers le milieu se trouve une piscine octogone. A gauche de l'entrée percée dans l'abside méridionale, à deux mètres environ du sol, on voit l'ouverture de deux petits tuyaux en pierre, primitivement destinés sans doute à alimenter la piscine. Cet édifice a été classé parmi les monuments historiques. Le gouvernement a alloué une somme de trois mille cinq cents francs, il y a peu d'années, pour sa restauration. La coupole a été reconstruite en pierre, le pavement a été refait, ainsi que la charpente qui abrite la toiture. Les ouvertures ne symétrisent pas et ont été remaniées après coup.

Après la description sommaire de ce prétendu temple, qu'il nous soit permis d'ajouter les observations suivantes.

1°. Nous croyons que les colonnes antiques de cet édifice ont appartenu à un temple, et que ce temple occupait précisément l'emplacement de ce que tout le monde est convenu d'appeler aujourd'hui le baptistère. Ce qui semble prouver cette assertion, c'est d'abord l'étymologie du mot Venasque. Le mot seul suppose un lieu consacré à la divinité que nous venons de citer, comme nous l'avons remarqué plus haut. 2. L'ordre d'architecture auquel appartiennent les colonnes du baptistère : « Nous savons, dit Ménard (lot. cit.), que, par un usage constant, observé dans les ornements des anciens temples, l'ordre corinthien étoit affecté à ceux de Vénus... Or, nous voyons que toutes les colonnes qui décoroient le temple de Venasque étoient d'ordre corinthien. » 3. La position de ce temple : il était sur le haut de la colline, près d'une fontaine, comme celui qui fut dédié à Vénus par Mausole, roi de Carie, dans la ville d'Halicarnasse (aujourd'hui Boudroum) ; de plus, il était bâti à la porte de la ville, tels que sont décrits par Tacite les temples consacrés à cette divinité : « Quand on veut bâtir un temple à Vénus, dit cet historien, en citant Vitruve, il faut le placer à la porte de la ville. On trouve dans les écrits des

Aruspices étrusques qu'on met les temples de Vénus hors des murs de la ville, de peur que si Vénus était dans la ville même, elle ne devînt une occasion de débauche aux jeunes gens et aux mères de famille (1). »

2°. Il nous paraît très-probable que ce temple a été converti en baptistère par Saint Siffrein. Un auteur récent croit que nous devons ce baptistère à un prélat qui résidait à Venasque vers le milieu du VIe siècle. Après avoir décrit cet édifice, M. Courtet s'exprime ainsi :

« A n'en juger que par cette description sommaire, peut-on raisonnablement voir là la carcasse d'un temple antique ? Y a-t-il là quelque chose des formes architectoniques que nous ont léguées les Romains ? Y sent-on ce parfum de paganisme que respirent les débris des monuments destinés au culte de leurs dieux ? Tout, au contraire, ne semble-t-il pas accuser la main, novice encore il est vrai, du christianisme ? Millin est le premier qui a rendu à ce monument sa véritable destination chrétienne. M. Mérimée a confirmé cette observation, en voyant dans cette chapelle *peut-être un baptistère, probablement du commencement du* XIe *siècle.* Dans ce dernier cas,

(1) Id autem etiam hetruscis Aruspicibus disciplinarum scriptis ità est dedicatum, extrà murum Veneris, Vulcani, Martis fana idèo collocari, uti non insuescat in urbe adolescentibus seu matribus familiarum venerea libido. (*L'antiquité expliquée...* par D. Bernard de Montfaucon, 1re partie du tome 2, p. 57.)

sa construction aurait coïncidé avec celle de l'église paroissiale qui se trouve à quelques pas, au midi, et à plusieurs mètres au-dessus du niveau. Cela paraît peu admissible, quand on considère que le presbytère, sous lequel se trouve cette chapelle, est au plus tard du XIIe siècle, d'après l'appareil des murs, les portes et une jolie fenêtre géminée au levant. Pourquoi ces deux églises bâties simultanément, et pourtant si dissemblables? Pourquoi cette profanation et cet ensevelissement prématuré de l'une des deux? Évidemment, il n'y a pas de réponse plausible à cela. On ne saurait comprendre un tel caprice ou une pareille nécessité. Il faut donc chercher plus loin la date de fondation de cet édifice. Son plan même en fait un devoir. »

» Nous avons vu que c'était une véritable croix grecque avec une coupole, ou plutôt une calotte sphérique à l'intersection des bras. Cette forme n'était pas usitée parmi nous dans les derniers temps de la période romane : elle était venue beaucoup plus anciennement de l'Orient, où elle avait détrôné los formes circulaire et octogonale qui continuaient le type consacré du Saint-Sépulchre. Au Ve siècle, la croix grecque s'éleva à Ravenne par les soins de Galla Placidia, fille de l'empereur Théodose; dans la suite, à Ancône, et avec bien plus d'éclat à Venise. Cette forme d'architecture franchit les Alpes (1). Or, à cette même époque, les évêques

(1) Sur les rapports de l'Occident avec l'Orient depuis le

de Carpentras résidaient à Venasque depuis environ un siècle (1). Ne serait-ce donc point à quelqu'un de ces prélats, vers le milieu du VIe siècle, que l'on devrait ce monument remarquable? » (*Dictionn. géogr., hist., archéol. et biograph. des communes du départ. de Vaucluse*, par M. Jules Courtet, art. VENASQUE.

M. Courtet attribue avec raison le baptistère précité à l'évêque qui siégeait à Venasque vers le milieu du VIe siècle. Évidemment cet évêque n'est autre que Saint Siffrein lui-même, qui a rempli ce siége l'espace de vingt-sept ans, depuis l'an 530 jusqu'en 557. Nous lisons dans sa vie que, pendant son séjour en ce pays, il bâtit un temple à Saint Jean-Baptiste. Si l'on pouvait prouver que les sanctuaires de cette époque, qu'on élevait à côté des basiliques, et que l'on dédiait à Saint Jean-Baptiste,

VIe siècle jusqu'aux Croisades, voir le discours de M. Vitet, *Revue archéol.* 4e an., p. 390. — L'église des Saints Vincent et Anastase, à Paris, celle de Saint-Césaire, bâtie à Arles dans le Ve siècle, l'abbaye de Saint-Médard, à Soissons, fondée vers 560 par Clother Ier (Greg. Turon. IV, 19), et tant d'autres, appartiennent au même style et furent construites d'après les influences byzantines. Saint-Genet, à Nevers, et Sainte-Croix, à Montmajour, sont de véritables croix grecques. (Note de M. Courtet.)

(1) Il nous semble avoir prouvé suffisamment qu'il y a eu simultanément des évêques à Carpentras et à Venasque du IIIe au VIe siècle.

étaient des baptistères, toute difficulté serait aplanie, et l'on devrait en conclure que ce fut le saint évêque lui-même qui éleva cet édifice à côté de la basilique qu'il bâtit en l'honneur de la Très-Sainte Trinité. M. de Caumont va répondre à cette question : « Quelle était, se demande ce savant archéologue, la forme et la disposition des édifices dans lesquels on administrait le baptême? Ces édifices, dit-il, consistaient, à ce qu'il paraît, en deux pièces principales : l'une, destinée aux cérémonies préparatoires, l'autre, au baptême proprement dit. Ils étaient parfois spacieux et ornés de portiques à colonnes. La piscine sacrée se trouvait au centre ou vers le fond.

» Les églises des premiers temps étaient souvent précédées d'une cour ou *atrium*, environnée d'une galerie et offrant à peu près l'image d'un cloître.

» Quelquefois ce fut au milieu de cette enceinte qu'on plaça la piscine destinée à l'administration du baptême ; mais plus souvent elle se trouvait en dehors dans un bâtiment séparé de l'église, placé tantôt en avant de celle-ci, tantôt de côté, et parfois adossé aux parties latérales ; *beaucoup de baptistères furent aussi à une certaine distance des basiliques et tout-à-fait indépendants de ces dernières.*

« *Les baptistères étaient sous l'invocation de Saint Jean-Baptiste.* La piscine affectait le plus souvent la forme ronde, carrée ou *octogone*, quelquefois celle d'une croix ; on y descendait par degrès. » (*Abécédaire ou rudiment d'archéologie re gieuse*, par M. de Caumont, pages 36-37.)

Il est inutile de faire de nouvelles citations et d'ajouter des preuves plus péremptoires pour sentir la force de celles que nous avons apportées ; il ne s'agit que de les grouper, pour ainsi dire, en faisceaux : 1° L'édifice qui nous occupe présente tous les caractères d'un vrai baptistère. Il est à une certaine distance de la basilique. Un vestibule dans lequel on plaçait les catéchumènes avant le baptême y conduit. A gauche de l'entrée, à deux mètres environ du sol, on voit l'ouverture de deux petits tuyaux en pierre, destinés à alimenter la piscine. Personne n'ignore que le baptême a été donné par immersion jusqu'au XIIe siècle, que l'évêque seul conférait ce sacrement et qu'il ne l'administrait qu'à deux époques de l'année, la veille de Pâques et la veille de la Pentecôte. Pour attiédir l'eau dans laquelle on plongeait les enfants et les adultes, on avait la précaution d'emplir la piscine d'eau froide et d'eau chaude, ce qui explique l'existence des deux tuyaux que nous avons signalés. Après la cérémonie du baptême, on faisait écouler l'eau dans un souterrain, dont on voit encore l'orifice au fond de la piscine. Est-il un monument qui offre tant de preuves de sa destination primitive? Nous le demandons au lecteur tant soit peu éclairé.

2° L'édifice précité est dédié à Saint Jean-Baptiste. Son architecture accuse le VIe siècle. Or, Saint Siffrein élève, au milieu du VIe siècle, un édifice sacré à Venasque en l'honneur de Saint Jean-Baptiste. N'est-il pas évident que c'est Saint Siffrein lui-même qui a bâti ce monument religieux, ou bien, qui a converti en baptistère cet ancien temple du paganisme?

N° 3.

Anno autem tertio ineunte episcopatus sui Amasius beatissimus Pater, Croco duce cum Alemanis suis Avenicam urbem, post direptas cæteras urbes Lugdunum, Viennam, Arvenum, Gabalum, Albam, Tricastinum, Valentiam, Arausium, Vasionem, Carpentoractum, Vendatiam, Aptam, Arelatem, Uceticam, Nemasum, Agatham, et circumvicina oppida quoque incensa, et ad terram prostrata efferâ rabie oppugnante, cum videret diutius eam non posse resistere eis quibus coacte, vique captæ longè munitiones provinciarum finitimarum civitates omnes cervicem submiserant quos civibus et ovibus suis metuentibus, vel dirissimo mortis genere, nempè fame tabescere, vel sine ullo sexus et ætatis discrimine sævissimè enecari, quos, inquam, illos consolans et corroborans sanctimoniâ et constantiâ suâ eis fecerit piissimus pastor animos ad perferendas tantas calamitates, et mortem ipsam pro Christo obeundam dici non potest. « Equidem vidistis, et

» audistis, filii, aiebat illis, quæ fratribus vestris
» tàm ecclesiasticis quàm sæcularibus omnis status,
» sexûs et conditionis, illata sunt ab immanissi-
» mis illis feris immania tormenta, et sacrilegia
» horrenda, ac supplicia, ignes, carceres, lapida-
» tiones, submersiones, excarnificationes et cædes;
» deniquè omnium episcoporum et sacerdotum, ac
» principum Galliæ, qui Religionem et fidem chris-
» tianam deserere, et impio se eorum cultu contami-
» nare magno animo recusarunt. Nemo non accepit
» quas ipse Crocus omnium teterrimus hostium
» christianorum nulli parcens gradui, sexui, vel
» ætati, ædes sacras evertit, quas ille urbes egregias
» destruxit, et quam incredibilem hominum, mulie-
» rum, puerorum et puellarum summâ et implaca-
» bili crudelitate extinxit, quos gladio, securivè
» episcopos senio, sanctitate et doctrinâ claros per-
» cussit et obtruncavit. Privatum Gabali, Albæ
» Avolum, Festum Valentiæ, Justum Tricastini, *Fir-*
» *mum apud Vendanicum,* Aptæ Leonium, Vasione
» Albinum, *Carpentoracte Valentinum,* Victorem
» Arelatæ, Lucium Arausii, Fœlicem Nemausi, et
» Agathæ Venustum, quos omnes antè nos dira hæc
» procella consumpsit, et nos similiter, fratres, pro
» verâ pietate oblatam mortem, invicto et alacri
» animo suscipiamus immortales Deo gratias agen-
» tes, quòd digni habemur pro rectâ fide, et nomine
» Jesu hæc omnia pati, et horum causâ sanctis
» suis in æternâ gloriâ annumerari. »

Traduction en français :

Au commencement de la troisième année de l'épiscopat du très-saint père Amasius, Crocus, à la tête de ses troupes allemandes, vint fondre sur Avignon, après avoir pillé et saccagé les autres villes, c'est-à-dire Lyon, Vienne, Clermont, Mende, Abs (Viviers), Trois-Châteaux, Valence, Orange, Vaison, Carpentras, Venasque, Apt, Arles, Usèz, Nîmes, Agde, et les autres villes voisines, qu'il brûla et rasa de fond en comble dans sa fureur. Ce saint évêque, voyant qu'Avignon ne pouvait pas résister plus longtemps à ces barbares à qui les cités les plus fortes des provinces voisines s'étaient rendues, et dont les habitants avaient souffert la mort, les uns par la faim, les autres par quelque autre genre de supplice, avec une cruauté inouïe, sans distinction d'âge ou de sexe ; le saint évêque, dis-je, les consolant et les fortifiant par sa sainteté et par sa constance, leur donnait du cœur pour endurer avec patience les calamités dont ils étaient menacés, et la mort même pour Jésus-Christ. « Vous avez appris, leur disait-il, » et même vous avez vu, mes enfants, tout ce que » cette nation barbare a fait souffrir à vos frères » tant ecclésiastiques que séculiers, de tout état, de » tout sexe et de toute condition. Vous savez les » tourments qu'ils ont inventés pour les torturer, » ils sont affreux ; les sacriléges qu'ils ont commis, » ils sont horribles. Les uns ont été brûlés vifs, les

» autres ont été jetés dans les fers ; ceux-ci ont été
» lapidés, ceux-là ont été précipités dans les flots ;
» d'autres mis en pièces à grands coups de fouët,
» et d'autres, enfin, massacrés sans pitié. Et qui ?
» tous les évêques, les prêtres et les princes de la
» Gaule, qui ont refusé généreusement d'abandonner
» la Religion et la foi chrétienne, et de se souiller
» en embrassant leur culte impie. Quand on nomme
» Crocus, on nomme le plus cruel ennemi du nom
» chrétien. Tout le monde sait les églises qu'il a
» renversées, les villes qu'il a détruites. Son glaive
» a fait périr un nombre presque infini d'hommes,
» de femmes, d'enfants et de jeunes personnes. Il a
» décapité des évêques vénérables par leurs cheveux
» blancs, recommandables par leur science et leur
» sainteté : à Mende Privat, à Abs (Viviers) Avole,
» à Valence Festus, à Trois-Châteaux Juste, *à Ve-*
» *nasque Firmus,* à Apt Léonius, à Vaison Albin,
» *à Carpentras Valentin,* à Arles Victor, à Orange
» Lucius, à Nîmes Fœlix et à Agde Venustus. Cette
» sanglante persécution a emporté devant nous ces
» illustres prélats. Et nous, mes frères, à leur exem-
» ple, recevons la mort pour cette noble cause que
» nous défendons qui est la foi de Jésus-Christ ;
» recevons-la sans crainte, et même avec joie,
» rendant à Dieu d'immortelles actions de grâces
» de ce qu'il nous a trouvés dignes de souffrir la
» mort pour la vraie foi et le nom de Jésus-Christ,
» et d'être mis bientôt au rang de ses saints dans
» la gloire éternelle. » (*Histoire de l'Eglise cathé-*

drale de Vaison, par le P. Boyer, de l'ordre des Frères Prêcheurs, pages 9-10.)

» A ces mots, les guerriers courbèrent tous leurs fronts sous la main de l'évêque, et forts de la bénédiction qu'il avait répandue sur eux dans l'effusion de son cœur paternel, ils volèrent à leurs murailles qu'assiégeait déjà l'ennemi. Le combat fut long, la victoire resta longtemps incertaine; mais à la fin il fallut céder au nombre, et Crocus entra fièrement par la brèche, à la tête de ses hordes sauvages, dans la malheureuse cité d'Avignon.

» L'évêque, revêtu de ses ornements pontificaux, attendait le vainqueur à la porte du temple de Dieu, environné de la double majesté de son caractère et de ses vertus. Amant (ou Amat) se présente à Crocus : le barbare ne peut supporter la vue de l'auguste pontife, dont le silence semble lui reprocher ses cruautés : se tournant aussitôt vers ses farouches satellites, il leur ordonne de le saisir et de le traîner au supplice. Peu après, à deux milles environ des portes d'Avignon, un glaive ensanglanté faisait rouler sur le sol la tête vénérable du bienheureux Amant. Sommé par ses bourreaux d'abjurer la foi dans laquelle il avait été constitué maître, l'évêque avait déclaré qu'il préférait la mort à l'apostasie.

» Et ce même jour, troisième fête de Pâques, des centaines d'Avignonais montaient au ciel à la suite de leur pasteur : comme lui, ils mouraient pour le nom de Jésus-Christ. Les Allemands les massacrèrent impitoyablement sous les murs même de la ville... » (*Revue des bibliothèques paroissiales de la prov. ecclésiastique d'Avignon*, 10 février 1852, nº 4. Saint Amant, évêque et martyr, par Augustin Canron.)

Nº 4.

On lit dans la *Revue des bibliothèques paroissiales de la province ecclésiastique d'Avignon* (2e année, avril 1852, p. 114) un article sur l'ancien évêché de Venasque, signé par l'abbé Fer, où nous remarquons le passage suivant :

« Voici, dit-il, les successeurs de Saint Siffrein, » qui ont encore signé dans les conciles, sous le » titre d'évêques de Venasque..... En 684, Léger est » cité avec Saint Agricol, d'Avignon ; Frédéric, » d'Orange ; Paschase, de Cavaillon, et Anastase, de » Carpentras, parmi les évêques qui assistèrent à la » fondation du prieuré de Saint-Victor et de Saint- » Pierre, que Petronius, évêque de Vaison, fit à la » fontaine du Grozeau, près de Malaucène. D'après » cette charte, il paraîtrait que les évêchés de Car- » pentras et de Venasque n'étaient pas encore unis, » ou avaient été de nouveau séparés. »

Cette charte, que le savant Mabillon rapporte dans l'addition qu'il a faite au premier tome de ses Annales, ne mentionne pas du tout le siége de Venasque. Elle fut signée par les évêques Petruinus, Wolbertus, Agliacus, Ambrosius, Fredicus, Godebertus, Leodegarius, Pascasius, Rusticus, par les abbés Ago et Delfinus, le prêtre Pascasius, l'archidiacre Maurontus et le diacre Genno. « L'Eglise de Vaison, dit » Mabillon, qui est aujourd'hui suffragante de celle » d'Avignon, l'était, à cette époque, de la métropole » d'Arles, qui comptait huit évêchés suffragants : » ceux d'Avignon, de Marseille, de Trois-Châteaux, » de Toulon, d'Orange, de Carpentras, de Vaison et » de Cavaillon; ces trois derniers sont maintenant » du ressort de l'archevêque d'Avignon. L'instru- » ment précité fut signé par neuf évêques, c'est-à- » dire par le métropolitain d'Arles et ses huit suf- » fragants; mais on ne sait pas à quel siége appar- » tenait chacun de ces évêques, sauf Aredius ou » Petruinus, évêque de Vaison, qui souscrivit le » premier, et Wolbertus qui vient après lui, et qui » était alors archevêque d'Arles.

Instrumento subscribunt Petruinus episcopus, et cum eo alii episcopi octo, Wolbertus, Agliacus, Ambrosius, Fredicus, Godebertus, Leodegarius, Pascasius, Rusticus..... Ecclesia Valensis seu Vasionensis, quæ modo Avenionensi subest, suffraganea tum erat metropolis Arelatensis, sub qua octo erant episcopatus, scilicet Avenionensis, Massiliensis, Tricastinensis, Tolonensis, Arausicanus, Carpentoractensis, Valensis et Cabellicensis : qui tres postremi modo subjacent archiepiscopo Avenionensi. Novem subscribunt prædictis litteris episcopi, id est metropolitanus Arelatensis cum octo suffraganeis suis;

sed cujus sedis singuli fuerint incertum, præter Aredium seu Petruinum Vasensem, qui primus subscribit, et Wolbertum ab eo proximum, qui tum erat pontifex Arelatensis. (*Annales Benedictini*, lib. XVII, p. 571.)

N° 5.

Licentia vero non danda est ut episcopum aut in vico aliquo, aut in modica civitate, cui sufficit unus presbyter : quia non est necesse ibi episcopum fieri, ne vilescat nomen episcopi et auctoritas. Non debent illi ex alia provincia invitati facere episcopum, nisi aut in his civitatibus quæ episcopos habuerunt ; aut si qua talis, aut tàm populosa est civitas, quæ mereatur habere episcopum, si hoc omnibus placet ? Synodus respondit : placet. (*Conciliorum* tom. 3, ann. 347, can. VI, pag. 21.)

N° 6.

Tanta gratia ex eo redundabat, ut quoscumque dextera benediceret, in justitiæ observantia et cultu sincero deitatis, ad extremum usque diem roboraret. Quæ magna per eum peregit Christus, cujus nomen semper in ore, semper in voce resonabat, nemo potuit præ numero et excellentia recensere. (*Martyr. gallic.*, tome 2, p. 945.)

N° 7.

Translatio corporis Sancti Siffredi episcopi à Vendaco Carpentoratum, ex manuscriptis Ecclesiæ Carpentoratensis desumpta, quæ celebratur Dominica tertia post Pascha.

Post decessum inclitæ recordationis beatissimi patris Siffredi, multorum annorum curriculis evolutis, fama interim crebrescente ubiquè de clarissimis miraculorum insigniis, quæ virtute divina de sacri corporis pulveribus pullulabant, ad sepulchri locum quacumque infirmitate detentæ innumerabiles turbæ languentium confluxêre, quæ solita sospitate recepta, in jubilo divinæ laudis redeuntes ad propria, Deum in sancto suo mirabilem dignis honoribus extollebant. Placuit itaque Illi, qui ubi vult spirat spiritum, et secundùm beneplacitum incomprehensibilis providentiæ suæ omnium sapientissimus ordinator existit, ut suæ aliquando inspiraret Ecclesiæ, ejusque ministris et filiis, locum eligere aptiorem, ubi beatissimi corporis pulveres custoditi ampliori religione à fidelibus colerentur, unde, nec casu, nec fortuito, sed nutu divino, sicut perhibet antiquorum fama celebrior, contigisse putatur, ut feliciorem arcam, quæ arcam in se contineret secretorum, corpus videlicet beatissimi patris, quo tanquam organo ad omne opus bonum Spiritus Sanctus est usus, e Sanctæ Trinitatis basilica, se pulchro effosso, fures nocturni tollerent, et de Vendacensi urbe ad amnem, quæ lateri adjacet Carpentorati oppidi, deportarent, ubi divinitus corporali cæcitate perculsi, ulterius progredi non valentes, ab incolis loci per vias et in via cernuntur et inveniuntur quodam vago et incerto circuitu aberrantes, qui continuo capti, intelligentes per divinam potentiam quod rem fecissent illicitam redargutos, et quod thesaurum inæstimabilem ausu nefario contingere præsumpsissent, sui latrocinii crimen prodere et confiteri publicè divino judicio sunt compulsi, quo percepto, per loci clerum et populum sacratissimo corpore, tanquam ab injustis et violentis possessoribus irreverenter accepto, atque in hac sua ecclesia cum gaudio et divinis laudibus collocato. Ipsi sacrilegi non immerito pœnitentes, per merita sancti, cujus rapuerant et asportabant reliquias, oculorum suorum lumen solitum receperunt : cum autem locus ipse pridem nuncupatus vocabulo censeretur, felici deindè commutatione sortitus est, et possidet nomen urbis quæ revera corporis inibi translatione facta, effecta est famosior et nobilior, non tam episcopali honore claret, quam et mirabilium emicat coruscatione signorum, et ex tunc urbs Vendacensis civitas esse desinit, et priscorum fulgore miraculorum pollere cessavit, nimirum signis tam claris tamque pellucidis corpus illustre solita et nulla majora miracula sunt secuta; decuit enim ut translatis miraculis connumeratis corporis venerandi transferretur etiam pontificii principatus, et ubi corpus existeret, illuc congregarentur et aquilæ, et virtus et honos superni numinis, et nunc et in perpetuum inibi refulgeret. Sic itaque in propatulo claruit veritatis testimonium per opera clariora, sic effulsit lumen in tenebris, ut quasi ad solemnes epulas invitati undique circumferrentur ægroti, et ad sanandam infirmitatem virtus, quasi de vivis pulveribus emanaret. O quam magnificè probant ossa felicem illius animam præpotentem esse in Domino, quæ corpus in terris mortuum sic æternè vivere facit in tam admirabili virtute, quod jam fluxerunt anni plurimi, nec beneficia defecerunt, sed cursu et ordine continuato usque nunc validius perseverant!

(Surius. *De probatis Sanctorum vitis. November*, p. 624-625.)

N° 8.

Déclaration de Pierre-François Bertot, prêtre, sur la conservation de la relique du Saint-Clou et des ossements sacrés de Saint Siffrein, évêque et patron de cette ville de Carpentras.

L'an de Notre Seigneur Jésus-Christ mil sept cent nonante trois, l'an XVIII du pontificat de notre

S. Père le pape Pie VI, le 28 janvier, jour de la fête de Sainte Agnès, *secundò* et de Saint Raymond de Pennafort, l'an II de la République françoise, le 9 pluviose (nouveau style), sur les huit heures du soir, des députés du district et de la municipalité de Carpentras se rendirent dans le dépôt de l'église paroissiale de Saint Siffrein pour en extraire l'argenterie superflue au culte et procédèrent de la manière suivante :

N'ayant pu ouvrir la caisse, qui étoit couverte de lames d'argent, on en brisa le fond qui étoit de bois de noyer sans couverture, et il s'y trouva un sac de soye cramoisi cousu de toute part, contenant les ossements du Saint bien conservés, plus une boëte de plomb renfermant trois chartres en parchemin.

La première en datte de l'an 1285, munie de sept différents sceaux porte que Raymond de Mazan, évêque de Carpentras, l'an ci-dessus, sous le pontificat d'Honorius IV, avoit fait construire cette châsse, et que dez son tems l'on commença à célébrer la fête de la translation des reliques de Saint Siffrein, le troisième dimanche après Pâques, qui se célébroit auparavant dans le mois de juillet, tems auquel les ossemens de Saint Siffrein avoient été apportés de Venasque à Carpentras.

Dans la seconde du 26 novembre 1447, sous le pontificat de Nicolas V, il est dit que Guillaume Soïberti avoit ouvert la caisse le jour et an susdits pour en extraire la tête de Saint Siffrein, et la placer dans le buste en argent qu'il avoit fait construire à ses frais et dépens.

La troisième chartre porte que la susdite caisse avoit été ouverte de nouveau l'an 1605, le mercredy jour des Rogations, quatorzième des calendes de juin, l'an II du pontificat de Léon IX, par Horace Caponi, évêque de Carpentras, pour en retirer des reliques, pour le sacre des différents autels du diocèse.

La châsse fabriquée en forme d'église antique, surmontée d'un clocher de même, avoit deux pieds et demi de long pour deux de haut, et un et demi de large; elle étoit de bois de noyer couverte de lames d'argent dorées, enrichie de différents cristaux en couleurs, ornée de figures en relief artistement travaillées représentant les miracles du Saint.

Le buste étoit monté sur une tour antique de figure octogone, soutenu par deux anges placés sur un piédestal, le tout en argent doré. La tête étoit de grosseur naturelle, couverte d'une mître décorée; dans une ouverture pratiquée sur le sommet il se trouva un morceau du sommet de la tête du Saint bien conservé, envelopé dans un lambeau de taffetas cramoisy. Le buste et la base avoient trois pieds et demi de haut. L'ouvrage en étoit assés bien exécuté, et l'on lisoit à l'entour de la baze sur le devant : *Hoc Stephanus fecit Marci de Cernis.* Sur le derrière : *Reverend. Guillelmus Carpentoractensis Episcopus.*

On retira encore du thrésor la figure d'un bras en argent, d'une coudée de hauteur, où se trouvoit l'os de l'avant-bras du Saint couvert d'un taffetas verd. Désirant conserver ces reliques, je m'en constituai propriétaire.

Le 8 février 1794 je remis à M. Lavondès aîné, curé de la paroisse de Notre-Dame, d'après les instances qu'il m'en fit, le morceau de la tête et l'os du bras. Comme il conste par la déclaration par lui faite, les susdites pièces ont été rendues dans le même état.

Il étoit encore dans le dépôt de l'église cathédrale de Saint Siffrein un monument précieux, le Saint Clou, sous la forme d'un mors de cheval, soutenu par deux anges en vermeil. J'avois gagné par mes importunités auprès des commissaires de ne pas y toucher. Peu de jours après, des séditieux firent courir le bruit dans la ville que je l'avois soustrait à la Nation; pour me prémunir contre l'orage, je cédai le support, et je me réservai la Relique ; attaqué de nouveau pour cet objet, voulant la soustraire à la barbarie du tems, l'ayant gardée chez moi environ quatre mois, je demandai de la déposer dans le Muséum de la Bibliothèque publique confiée à mes soins, et il fut dressé procès-verbal dont teneur suit :

Ce aujourd'huy 1er prairial an II républicain, 20 mai an 1793, nous soussignés nous sommes transportés dans la maison de la Bibliothèque de cette commune de Carpentras, et sommes entrés dans le cabinet des manuscrits où se trouve une armoire, dans laquelle sont renfermées des médailles, et avons déposé dans le huitième tiroir à gauche un mors de cheval en fer, garni à chaque bout d'une virole en vermeil, lequel mors a été trouvé dans la sacristie de la ci-devant paroisse de Saint Siffrein, et avons déposé ledit mors comme un monument fort antique, et pouvant servir à l'intelligence de l'histoire. Carpentras les an et jour susdits. Delestre, officier municipal. Bagnol, agent national. Bertot, prêtre, dépositaire. Antoine Valeton, administrateur. Juvénal, administrateur. Pierre Valeton, administrateur. Ainsi signés à l'original.

Il y avoit en outre, dans le dépot susdit, quatre reliquaires en bois, couverts de lames d'argent, de la hauteur de deux pieds, d'un goût moderne, donnés par Mgr de Béni, évêque de Carpentras. En ayant extrait les reliques, je les pris avec nombre d'autres qui se trouvoient dans différents bustes de saints. Contraint, pour les conserver, de les ensevelir, les sceaux apposés pour constater leur authenticité en ont été dispersés. Je déclare, en toute vérité, pour la plus grande gloire de Dieu et de ses saints, que l'exposé ci-dessus est scrupuleusement vrai. En foy, Carpentras ce seize septembre mil sept cent nonante cinq.

Pierre François Bertot.

Nous soussignés, administrateurs du culte catholique, apostolique et romain, avons reçu de Pierre-François Bertot, prêtre, les articles mentionnés dans la susdite déclaration. En foy à Carpentras, ce dix-huit septembre (vieux style) mil sept cent nonante cinq, ou an IIIe républicain.

Pierre Marre, administrateur. Audiffret, administrateur. Nicolet fils, administrateur. Quenin. Barret. Lambert aîné. Justiniany, prêtre.

Suit une note de la main de M. Bertot, dont voici la teneur :

Le 25 prairial an IXe républicain, à la demande d'un nommé Jean, prêtre constitutionnel, servant dans Saint-Siffrein, j'ai remis la clef du coffre, où se trouvent déposées les reliques de Saint Siffrein.

(*Extrait des manuscrits de la Bibliothèque de Carpentras.*)

FIN.

TABLE.

Pages.

APPROBATION.

Avant-propos I

Légende de Saint Siffrein 7

Naissance de Saint Siffrein 15

Il va avec son père au monastère de Lérins 16

Histoire abrégée de ce célèbre monastère. 16

Saint Siffrein reçoit l'habit de l'Ordre 20

Mort de son père. 22

Il est nommé infirmier du monastère. — Miracles qu'il opère dans l'infirmerie. 22

On lui donne la charge de maître des novices. . . . 23

Il est élevé sur le siége de Venasque. Miracle qu'il opère le jour de sa consécration épiscopale 24

Sa sainteté, son zèle, sa tendresse pour les pauvres et les malades 28

Il mène une vie retirée au milieu du monde, sans négliger ses fonctions pastorales 50

Son ardent amour pour Jésus-Christ 31

Sa prédilection pour les ecclésiastiques. 31

Il ressuscite un de ses clercs 32

Il bâtit trois églises à Venasque. 33

Preuves de la simultanéité des siéges de Carpentras et de Venasque du IIIe au VIe siècle. 41
L'évêché de Venasque est uni à celui de Carpentras ; motifs de cette union 55
Saint Siffrein fait sa résidence à Carpentras. 59
Les choses les plus secrètes lui sont connues 60
Il délivre un homme de Marseille de la puissance du démon 61
Il guérit un paralytique 63
Il se bâtit une petite maison à Venasque 64
Il tombe malade. — Paroles qu'il adresse à ceux qui entourent son lit de mort 65
Mort du Saint. 67
Son corps est enseveli dans une église de Venasque . . 67
Enlèvement de ses reliques ; elles sont déposées dans l'église cathédrale de Carpentras. 68
Descriptions des châsses et reliquaires où furent placés à différentes époques les ossements sacrés du Saint. . 70
Ordonnance de Mgr Abbati, évêque de Carpentras, concernant les bénéficiers qui doivent sortir les reliques du *trésor*, les prêtres qui doivent les accompagner aux processions, et les Pénitents gris qui doivent les porter 75
Neuvaine en l'honneur de Saint Siffrein, ordonnée par Mgr Abbati, pour demander à Dieu, par l'intercession de ce Saint, que les habitants de Carpentras fussent préservés de la peste qui sévissait à Marseille. 77
Description de la fête qui se célébrait en l'honneur de Saint Siffrein avant 1789. 81
La fête de Saint Siffrein depuis le commencement du XIXe siècle 83
Origine de la foire de Saint-Siffrein 86

Précautions que l'on prenait pour conserver les reliques du Saint. 92
M. l'abbé Bertot les soustrait au vandalisme révolutionnaire et les rend, dans des temps plus calmes, au curé de la paroisse 94
Divers procès-verbaux constatant l'identité des reliques de Saint Siffrein dans les diverses translations qui en furent faites en 1794, 1795, 1801, 1805 et 1820. 96
Oraison de Saint Siffrein. 105
Pièces justificatives. 107

FIN DE LA TABLE.

www.ingramcontent.com/pod-product-compliance
Ingram Content Group UK Ltd.
Pitfield, Milton Keynes, MK11 3LW, UK
UKHW021041230726
13926UKWH00004B/1601